Felipe Alfau
Die Hexe von Amboto

Felipe Alfau

DIE HEXE VON AMBOTO
Alte spanische Märchen

Mit Bildern von
Susanne Janssen

Aus dem Amerikanischen von
Ursula Locke-Groß

Sanssouci

Die Originalausgabe erschien 1929 unter dem Titel
Old Tales from Spain
bei Doubleday, Doran & Company, New York

1 2 3 4 5 01 00 99 98 97

ISBN 3-7254-1107-7

Satz und Lithos:
Satz für Satz. Barbara Amann, Leutkirch
Druck und Bindung:
Franz Spiegel Buch GmbH, Ulm
Printed in Germany

Für Estrellita

Der Regenbogen

Eines Tages wurde das friedliche Dorf N… von einem ungewöhnlichen Besucher aufgescheucht. Er ging durch die Hauptstraße, als gehörte ihm die Welt: ein Auftreten, das in entschiedenem Gegensatz zu seiner äußeren Erscheinung stand. Er war groß und gut gebaut. Krauses Haar und ein kleiner Spitzbart umrahmten sein blasses Gesicht, in dem seine lächelnden Augen wie zwei funkelnde Edelsteine saßen, die alles aufmerksam betrachteten, als ob sie Dinge entdeckten, die keiner sonst sehen konnte. Die unzähligen Löcher in seinen Hosen wurden von ein paar wenigen, treu gebliebenen Fäden sorgsam um seine langen dünnen Beine zusammengehalten, und seine Ellbogen ragten für jeden sichtbar aus den Ärmeln seines Wamses. Ein lederner Kasten, den er unter dem Arm trug, war sein ganzes Gepäck.

Als er die Straße entlangging, drehten sich alle nach ihm um und starrten ihn an. Man muß schon sagen – die Leute in dem friedlichen Dorf N… waren recht neugierig.

Der ungewöhnliche Besucher blieb vor einem schön gebauten Haus stehen und betrachtete es eingehend, als ob er all seine guten und schlechten Eigenschaften abwägen wolle, und dann blieb sein Blick an einem Schild über der Tür hängen, auf dem HOSTERÍA stand.

Beim Anblick des Schildes schien sein Entschluß schnell gefaßt, und er betrat zielstrebig das Haus.

Er traf auf einen stämmigen Mann, der zweifellos der Wirt war, und verkündete ihm ohne Zögern: »Ich möchte das billigste Zimmer, das Sie haben.« Ohne diese Worte hätte allerdings jeder aus seinem Auftreten geschlossen, daß er die besten verfügbaren Zimmer verlange.

Der Wirt betrachtete ihn mißtrauisch und inspizierte den Kasten unter seinem Arm, aber das brachte den ungewöhnlichen Besucher nicht aus der Ruhe. Dann drehte sich der Wirt, der mit dem, was er da gesehen hatte, sichtlich nicht zufrieden war, zögernd zu einem Jungen um, der den Besucher mit offenem Mund und aufgerissenen Augen ansah, und rief: »He, Perico, was hältst du Maulaffen feil? Siehst du nicht, daß wir einen Kunden haben? Setz dich in Bewegung und führ diesen – Herrn – in das Zimmer unterm Dach, das auf den Hinterhof hinausgeht.«

Perico klappte den Mund zu und ging hastig in Richtung Treppe, gefolgt von dem Herrn, den das alles nicht zu verärgern, sondern eher höchlichst zu amüsieren schien. Perico drehte sich, als er die Treppe hinaufstieg, so häufig zu dem Besucher um, daß er stolperte und auf die Nase fiel.

Endlich hatten sie ihr Ziel erreicht. Perico öffnete die Tür, und der Besucher wurde in ein sehr spärlich möbliertes Zimmer geführt. Der ungewöhnliche Gast ließ seinen Kasten auf das Bett fallen; drinnen klapperte etwas. Dann sah er Perico, dessen Mund wieder offenstand, direkt in die Augen und drückte ihm mit solcher Kraft eine Münze in die Hand, daß Perico erschreckt hochsprang und die Treppe hinunterrannte. Der Gast sah ihm nach und brach in lautes Lachen aus. Es stand außer Zweifel, daß Neugier in dieser Welt sehr leicht zu erregen war.

*

Der ungewöhnliche Gast wohnte inzwischen seit einiger Zeit in der *hostería.* Wenn die Tage schön waren, stand er früh am Morgen auf und ging mit seinem Kasten unterm Arm weg. Normalerweise kam er bei Sonnenuntergang zurück und hatte, neben seinem Kasten, ein Bild dabei. Wenn das Wetter aber schlecht war, schlief er lange und hielt sich in seinem Zimmer am Fenster auf, ohne jemanden zu empfangen oder mit jemandem zu sprechen.

Nach einiger Zeit war sein Zimmer schon sehr voll mit Bildern, auf denen verschiedene Viertel des Dorfes oder Skizzen von Leuten zu sehen waren, meist aber Landschaften, die die umliegende Gegend zeigten. Endlich wußte jeder, daß er ein Maler war, die allgemeine Neugier legte sich, und man gewöhnte sich an ihn.

Perico, der Sohn des Wirts, hatte sich mit dem Maler angefreundet, begleitete ihn oft auf seinen Streifzügen und sah ihm beim Malen zu.

Eines Tages stand Perico wie üblich neben seinem Freund, folgte aufmerksam dem kunstvoll über die Leinwand geführten Pinsel, verglich das Bild mit der vor ihm liegenden Landschaft und rief: »Du malst die Landschaft nicht so, wie sie wirklich ist. Zum Beispiel diesen Baum da links, den hast du ausgelassen. Das ist doch kein gutes Bild.«

Sein Freund antwortete, ohne Perico anzuschauen: »Nicht jedes gute Bild ist ein genaues Abbild und nicht jedes genaue Abbild ein gutes Bild.«

Und er fuhr fort zu arbeiten, kniff seine Augen zusammen und studierte die Landschaft.

Schweigend betrachtete Perico das Bild weiter, und zu seinem Erstaunen sah er, daß sein Freund einen Regenbogen malte.

Dabei gab es gar keinen Regenbogen. Perico blickte in alle Richtungen, um sicher zu sein, und dann rief er: »Du malst einen Regenbogen. Es gibt keinen Regenbogen. Was soll das, wir haben seit drei Wochen nicht einmal Regen gehabt!«

Der Maler wandte sich Perico nun mit leicht ärgerlichem Gesicht zu.

»Perico, es gibt einen Regenbogen. Du siehst ihn nicht, weil du darin nicht genügend Übung hast. Aber der Künstler kann ihn immer sehen. Normalerweise sehen die Leute den Regenbogen, wenn es regnet und die Sonne wieder herauskommt, denn der Regenbogen ist vom Staub verdeckt, und dann wäscht der Regen den Staub ab, und die Sonne läßt die Farben wieder leuchten. Aber der Regenbogen ist immer da, und der Künstler sieht ihn zu jeder Zeit.«

»Ich wäre gern ein Künstler«, sagte Perico nachdenklich, »dann könnte ich sehen, was die anderen nicht sehen.«

»Dazu mußt du nicht unbedingt ein Künstler sein. Trotzdem, ich werde dich lehren, was ich weiß. Sobald sich eine günstige Gelegenheit ergibt, spreche ich mit deinem Vater.«

Inzwischen sah der Maler nicht mehr ganz so zerlumpt aus wie zu der Zeit, als er im Dorf angekommen war. Er hatte ein Porträt des Wirts gemalt, der ihm als Gegenleistung eine Reihe von Kleidungsstücken gegeben hatte, aus denen er herausgewachsen war, seit er Besitzer der *hostería* geworden war. Trotzdem war die Bezahlung des Zimmers und der Verpflegung nun schon ziemlich überfällig, und der Wirt belästigte ihn ständig mit Geldforderungen.

Als dieser ihn eines Tages wieder einmal besonders bedrängte, sagte der Maler zu ihm: »Ihr Sohn ist ein sehr aufgeweckter und vielversprechender Junge. Er hat den Wunsch geäußert, Künstler zu werden. Ich werde ihn gegen Kost und Logis die Kunst des Malens lehren. Was halten Sie davon?«

Obgleich der Wirt nicht der Meinung war, daß Kunst ein so respektabler und gewinnträchtiger Beruf sei wie das Gaststättengewerbe, hatte er das Desinteresse bemerkt, das sein Sohn allen Geschäftsdingen gegenüber an den Tag legte, wie er mit offenem Mund dazustehen pflegte, wie seine Aufmerksamkeit von allem gefangengenommen wurde, was in seinen Blick geriet, ganz egal, ob es eine Fliege war oder ein Komet. Also sagte sich der Wirt, daß er seinen Sohn genausogut das lernen lassen könne, wofür er größeres Interesse zeigte, und der Handel wurde zu beidseitiger Zufriedenheit abgeschlossen.

Der Unterricht begann, und nun gingen der Maler und Perico zusammen aufs Land hinaus und malten den ganzen Tag lang. Perico durfte malen, wozu immer er Lust hatte. Er wurde selten korrigiert. Nur ab und zu verließ der Maler seine Arbeit, ging zu Perico hinüber, um zu sehen, welche Fortschritte er machte, oder eine beiläufige Bemerkung und einen Kommentar am Rande abzugeben. Die meiste Zeit aber sprachen sie über andere Dinge, und Perico fand diese Unterhaltungen höchst amüsant und aufschlußreich und hörte damit auf, mit offenem Mund durch die Gegend zu laufen.

Nach einiger Zeit wollten auch andere Jungen Malstunden nehmen, und bald hatte der Maler eine ziemlich große Malklasse zusammen, und alle Jungen aus dem Dorf begannen, ihn den Meister zu nennen.

Wenn das Wetter schön war, verließ der Meister das Städtchen im Kreis seiner Kumpel, wie er die Jungen nannte. Sie gingen so lange, bis sie einen geeigneten Platz fanden, machten sich dann alle an die Arbeit und spannten die Leinwand auf die Holzrahmen. Der Meister arbeitete normalerweise an einem seiner Gemälde, und die Jungen um ihn herum malten währenddessen, für was sie sich entschieden hatten, oder sahen ihm beim Malen zu.

Sie fanden ihn alle ganz wunderbar. Immer schaffte er es, winzige Details und Farbschattierungen zu sehen, die dem Blick der anderen entgingen. Immer waren seine Ratschläge vernünftig und brachten sie in ihrer Arbeit einen großen Schritt weiter. Aber die meiste Zeit redete er mit ihnen über ganz andere Dinge, Dinge, die mit Malerei nichts zu tun hatten, und nach einiger Zeit merkten die Jungen, daß sie eine Menge lernten.

Bei Sonnenuntergang machten sie sich auf den Heimweg, und sobald die Straßenlaternen angezündet wurden, fiel der fröhliche Haufen mit seinem Lachen und seiner Freude in das Dorf ein. Sie zogen rennend, jubelnd und spielend durch die Straßen, und der Meister machte normalerweise den größten Lärm, ganz so, als ob er auch nur ein Junge sei. Danach lehnte sich der Meister an den Rand des Brunnens, der in der Mitte der *plaza* stand, und die Jungen umringten ihn. Und dann erzählte er ihnen wundervolle Geschichten: Geschichten, in denen erstaunliche Dinge passierten und in denen die Helden zufällig immer so hießen wie einer der anwesenden Jungen; geheimnisvolle und abenteuerliche Geschichten, und er hielt sie um sich geschart, bis es Zeit zum Abendessen war, alle heimkehrten und er in sein Dachzimmer ging.

Alle Jungen liebten und bewunderten ihn. Alle freuten sich auf diese Abende, wenn er sich an den Rand des Brunnens lehnte und seine Augen, die voller Weisheit waren, wie zwei Edelsteine durch die einfallenden Schatten funkelten; und während er fröhlich Wasser auf ihre jungen Köpfe spritzte und der Mond hoch am Himmel aufstieg, wurde alles still, und er begann: »Es war einmal ...«

*

Aber langsam fingen die Leute an, ihm die fröhliche Zeit zu neiden, die er mit den Jungen verbrachte. Sie fingen an, ihn einen Tunichtgut zu nennen und zu sagen, daß das alles kein gutes Ende nehmen werde. Die Eltern gingen ihm aus dem Weg, und bald verboten sie ihren Kindern, mit ihm zusammenzusein. Die Kinder protestierten und sagten, daß er ihr bester Freund sei, aber sie mußten ihren Eltern gehorchen, und so wurde es wieder langweilig im Dorf, und der Meister mußte feststellen, daß er wieder allein war.

Eines Tages kam der Wirt in sein Zimmer herauf und sagte ihm: »Ich will nicht, daß mein Sohn seine Zeit länger damit vergeudet, malen zu lernen. Und was Sie anbelangt, zahlen Sie mir entweder alles, was Sie mir schuldig sind, oder verschwinden Sie.«

Der Meister gab ihm keine Antwort. Er saß nur auf seiner Pritsche und sann darüber nach, wie es den Leuten doch immer Spaß bereite, alles, was angenehm und gut ist, zu verderben.

Schließlich sprang er auf, nahm seinen Malkasten, und nachdem er einen letzten traurigen Blick auf die Bilder geworfen hatte, die die Wände seines Zimmers schmückten, ging er weg.

Er ging durch die Straßen wie einer, der alles auf der Welt verloren hat. Jeder drehte sich nach ihm um und starrte ihn an. Auf den Gesichtern der älteren Leute spiegelte sich Verachtung, und sie ließen sich nicht einmal dazu herab, mit ihm zu reden; in den Augen der Kinder spiegelte sich große Liebe und Mitleid, aber sie wagten nicht, mit ihm zu sprechen.

Er verließ das Dorf, so schnell er konnte und ohne sich umzuschauen. Er ging eine Weile, und plötzlich wurde sein Blick von all der Schönheit gefangengenommen, die sich vor ihm ausbreitete. Er blieb stehen und begann, die Landschaft mit geübtem und durchdringendem Blick zu studieren.

Ohne zu wissen, was er tat, öffnete er seinen Malkasten und spannte seine Leinwand auf einen Rahmen. Er nahm seine Pinsel und danach seine Palette, auf der sich noch alle Farben befanden, und begann fieberhaft zu arbeiten.

Die Sonne ging unter, die Landschaft, die er malte, war düster und zeigte all das Leid, das seine Seele bewegte. Wenn er glücklich war, waren all seine Bilder farbig und fröhlich, aber jetzt hatte ihn der Mut zu malen verlassen; er hatte alles Interesse an seiner Kunst verloren.

Zornig stand er auf, und während er das unfertige Bild beiseite schob, schleuderte er die Palette von sich, und zu seinem großen Erstaunen flog sie in einem Halbkreis durch den Himmel und ließ eine Spur aus all ihren Farben hinter sich, die strahlend im Licht der untergehenden Sonne stand.

Der Meister blieb regungslos stehen und betrachtete diesen außergewöhnlichen Bogen, der verblaßte, als die Sonne verschwand, und plötzlich machte er sich zum Dorf auf, rannte wie ein Verrückter, um den Leuten zu erzählen, was für ein Wunder sich da ereignet hatte.

Als er im Dorf ankam, war es dunkel, und die Leute schauten ihn verwundert an, als sie ihn so zurückkommen sahen: schreiend und von einem Farbbogen redend, den seine Palette in den Himmel gemalt habe.

Bald versammelte sich eine Gruppe um ihn, und er begann ihnen zu berichten, was sich zugetragen hatte, aber sie sahen ihn mit ungläubigen Augen an, und einer sagte: »Der Mann ist verrückt, schenkt ihm keine Beachtung. Wie kann eine Palette einen Farbbogen in den Himmel malen? Der Mann ist verrückt.«

Und alle wiederholten: »Er ist verrückt«, und das Wort ging von Mund zu Mund und verbreitete sich im ganzen Dorf.

Der Meister war verzweifelt. Wie wahnsinnig lief er von einem zum anderen und versuchte, es zu erklären.

Aber jeder wandte sich ab und lachte.

»Der Meister ist verrückt zurückgekommen.«

Und einer sagte: »Es gab schon immer Anzeichen dafür, daß er verrückt ist. Erinnert euch daran, wie er mit den Jungen spielte, als ob er einer von ihnen sei. Stellt euch vor, ein Mann in seinem Alter, der spielt. Wer denkt auf dieser Welt noch ans Spielen, sobald er erwachsen ist? Es gab schon immer Anzeichen dafür, daß er verrückt ist.« Und alle waren sie überzeugt, daß er verrückt war.

Und der eine fuhr fort: »Erinnert euch daran, wie er die Jungen stundenlang am Brunnen versammelte und ihnen Geschichten über verrückte Dinge erzählte. Ich stand manchmal dabei und hörte zu. Er erzählte von Hexen, die des Nachts über Kornfelder flogen, und von Prinzen, die sich in Schwäne verwandelten. Er sagte nie etwas Ernsthaftes, immer machte er Witze. Ein Mann, der stundenlang von Dingen redet, die nicht ernsthaft sind, muß wahrlich verrückt sein.«

Und dann wandte sich der Meister mit letzter Hoffnung an die Jungen, aber die Jungen sahen ihn mit unendlichem Mitleid an, wandten den Kopf ab und weinten.

Sogar seine ehemaligen Kumpel zweifelten an seinem Verstand. Das bewirkte, daß er den Kopf verlor und selbst anfing, an seinem Verstand zu zweifeln. Vielleicht wurde er in diesem Augenblick wirklich verrückt, denn seine Augen glühten, und er griff einen Mann an, der vor ihm stand und lachte.

Einige Männer eilten ihm zu Hilfe, und einer von ihnen holte ein Seil, und die Hände des Meisters wurden ihm auf den Rücken gebunden, und in dieser Nacht steckte man ihn in ein Zimmer, das Eisenstäbe vor den Fenstern hatte und eine kleine schwere Tür mit einer schmalen Gitteröffnung. Das Dorf hatte kein Irrenhaus, da es noch nie jemanden gegeben hatte, der hier verrückt geworden war.

In dieser Zelle blieb der Meister eine Zeitlang. Er aß kaum und sprach nie. Er lag einfach auf seinem Bett und richtete die Augen zur Decke empor.

In der Zwischenzeit hatte sich der Staub vieler Tage auf dem schönen Farbbogen abgelagert, den seine Palette in den Himmel gemalt hatte, und deshalb konnte ihn niemand sehen.

Eines Tages besuchte ein großer Herr das Dorf. Er nahm Quartier in der *hostería*, in der der Meister gewohnt hatte, und entdeckte ganz zufällig die Gemälde, die der Meister dort gelassen hatte.

Nun hielt sich dieser große Herr für einen ausgezeichneten Kunstkenner, und als er die Gemälde sah, verwunderte er sich und rief: »Nanu! Diese Bilder sind meisterhaft, es sind die besten, die ich je gesehen habe. Wer hat sie gemalt? Ich möchte den Künstler sofort kennenlernen.«

Worauf der Wirt antwortete: »Unglücklicherweise, gnädiger Herr, ist er im Gefängnis, er ist verrückt.«

»Von wegen verrückt!« rief der Herr. »Wahrscheinlicher ist, daß ihr alle Idioten seid. Wer diese Bilder gemalt hat, ist ein Genie. Es ist oft schwierig, Wahnsinn und Genie auseinanderzuhalten.«

Und alle wiederholten den Ausspruch des großen Herrn und begannen ernsthaft zu glauben, daß es sich vielleicht doch so verhielt, daß sie alle Idioten waren und der Meister ein Genie. Der Herr ließ nicht locker: »Man führe mich sofort zu diesem großen Künstler, denn ich habe vor, ihn mitzunehmen und dem König vorzustellen, der mir für die Entdeckung eines neuen Genies ohne Zweifel einen Orden verleihen wird, denn der Hof ist bekanntlich in letzter Zeit etwas knapp an Genies.«

Als sie aber in der Zelle eintrafen, fanden sie den Meister tot in seiner üblichen Haltung auf dem Bett liegen, und seine Augen – diese außerordentlichen Augen – waren nun geschlossen und würden nichts mehr sehen.

Ein bescheidenes Begräbnis wurde für den toten Meister ausgerichtet, und die Kinder trugen seinen Leichnam zur Stadt hinaus, wo er an einem Ort begraben werden sollte, an dem er oft, umringt von seinen jungen Schülern, gesessen hatte.

Als sie ihn aber hinaustrugen, brach ein Sturm los, und es fing an, heftig zu regnen. Der Regen hörte bald wieder auf, und die Sonne erschien strahlender am Himmel als zuvor.

Und dann sahen alle etwas ganz Außergewöhnliches: Am Himmel stand, von einem Hügel zum anderen, ein wunderbarer Bogen aus vielen leuchtenden Farben, ein Streifen neben dem anderen. Der Bogen, von dem der Meister gesprochen hatte. Der

Regen hatte den Staub, der ihn bedeckte, abgewaschen, und nun brachte die Sonne seine Farben so frisch zum Leuchten wie an dem Tag, an dem die Palette ihre Spur in den Himmel gemalt hatte.

Ein bewunderndes Raunen stieg aus der Menge auf, und der Leichnam des Meisters wurde unter dem ersten Regenbogen hindurchgetragen.

*

Als der Meister am nächsten Morgen erwachte, war er froh, daß alles nur ein Traum gewesen war. Es war ein schöner Tag, und wie gewöhnlich ging er mit seinen Kumpeln aufs Land, um zu malen. Er war guter Laune, und die Jungen fanden, daß er noch amüsanter sei als sonst – sofern das überhaupt möglich war. Sie freuten sich alle darüber, mit ihm zusammenzusein.

An diesem Abend, als sie in das Dorf zurückkehrten, hatten sich auf der *plaza* mehrere ältere Leute versammelt, die die Geschichten des Meisters ebenfalls hören wollten und ihn mit einem freundlichen und erwartungsvollen Lächeln begrüßten.

Der Meister lehnte sich an den Brunnenrand. Seine Augen leuchteten, ein fremdartiger Zauber lag in ihnen und verlieh der Weisheit, die üblicherweise auf seinem Gesicht lag, einen winzigen Anflug von Spott.

»Heute abend«, sagte er, »habe ich eine neue Geschichte für euch. Sie heißt ›Der Regenbogen‹.«

Er spritzte ein wenig Wasser auf die jungen Köpfe, und der Mond stieg hoch am Himmel auf. Und der Meister begann: »Es war einmal ...«

Dämmerlicht

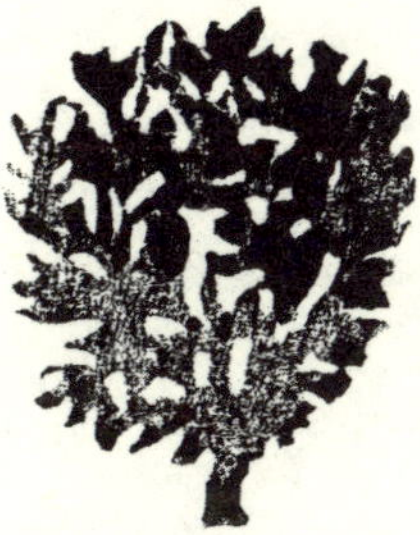

Die *campesinos* Andalusiens glauben – unter anderem –, daß irgendwo in Spanien ein ungewöhnlicher Garten liegt, in dem es weder Tag noch Nacht gibt. Niemand weiß, ob man diesen Garten im Licht der Morgendämmerung oder im Licht der untergehenden Sonne sieht. Er heißt Garten des Dämmerlichts.

Diese Geschichte hörte eines Abends in Sevilla ein Junge von ein paar Freunden, die sich im Patio des Hauses mit seinem Vater unterhielten.

Den ganzen Abend lang sann er über das Gehörte nach, und das hatte zur Folge, daß er sehr neugierig wurde und den Garten sehen wollte. Er ging zu Bett, konnte aber über all dem Nachdenken nicht einschlafen und beschloß, früh am nächsten Tag aufzubrechen und ganz Spanien zu durchwandern, bis er diesen außergewöhnlichen Ort gefunden hätte, an dem es weder Tag noch Nacht gab.

Kurz vor Tagesanbruch stand er auf, zog sich schnell an und ging in die Bibliothek seines Vaters. Aus einer Mappe wählte er eine Landkarte Spaniens, studierte sie aufmerksam und sah sich all die Provinzen und kleinen Punkte an, die die Städte darstellten.

Die Provinzen auf der Karte waren in verschiedenen Farben koloriert, und der Junge wählte – was ihm für seine Zwecke am geeignetsten schien – die rosafarbenen, die aussahen, als lägen sie immer unter dem Licht der Morgendämmerung, und die orangefarbenen, die aussahen, als lägen sie für ewig im Licht der untergehenden Sonne.

Er faltete die Karte säuberlich zusammen und steckte sie in seine Tasche. Dann nahm er ein Paar Ersatzschuhe, denn er vermutete, daß er sehr weit herumkommen werde. Danach ging er in die Küche, holte sich ein großes Stück Brot und eine *salchicha*, und nachdem er all seine Vorbereitungen getroffen hatte, machte er sich auf den Weg.

Die Sonne ging gerade auf, als er die Stadt verließ. Er wanderte auf einer wunderschönen Straße, die von Olivenbäumen gesäumt war. Er war an diesem Morgen sehr glücklich, denn er ließ sich auf ein großes Abenteuer ein. Die Straße, die er gewählt hatte, wurde nicht sehr häufig benutzt, und so begegnete ihm kein Mensch. Es war Mittag, als er einen alten Mann entdeckte, der am Straßenrand stand.

Er beschloß, ihn anzusprechen, lüftete seine *boina* und sagte: »Señor, wären Sie so freundlich, mir zu sagen, ob dies der richtige Weg zum Garten des Dämmerlichts ist?«

Der Mann schien so alt zu sein wie die Welt. Er war gebückt, und sein Gesicht war so voller Falten, daß es keine einzige noch so kleine Stelle zu geben schien, wo sich nicht eine winzige Runzel befand.

»Andere Jungen sind hier vorbeigekommen und haben mir die gleiche Frage gestellt«, antwortete er, »aber es gibt keinen richtigen Weg zu diesem Garten. Nur die Auserwählten finden ihn. Ich habe den Garten einmal gesehen, aber ich könnte dir nicht zeigen, wo er liegt. Allerdings«, fuhr er fort, »könnte ich dir die Geschichte des Gartens erzählen und wie es kommt, daß dort immer Dämmerlicht herrscht.«

»Die Geschichte würde ich gerne hören, Señor.«

»Also dann, *chico*, setz dich zu mir, und ich werde dir diese Geschichte erzählen, sie kann dir einen langen Weg ersparen.«

Der Junge folgte der Aufforderung gern, denn er war schon ziemlich müde und hungrig. Er holte sein Mittagbrot heraus und bot dem Alten die Hälfte an.

Aber der lächelte und zeigte seine zahnlosen Kiefer. »Das ist nichts mehr für mich, *chico*, iß du nur ruhig, während ich erzähle.«

Und während der Junge aß, sagte der alte Mann:

*

»Einst war dieser Garten wie alle anderen Gärten, nur sehr viel schöner. Es gab Tag und Nacht in ihm wie überall. Das ist nun schon eine sehr lange Zeit her. Ich war damals in deinem Alter.«

Und der Junge dachte, daß das wirklich vor sehr langer Zeit gewesen sein mußte.

»Zu dieser Zeit gab es eine edle mächtige Dame. Jeden Tag machte sie ihre Runde über die Erde und brachte den Menschen Glück, Kraft und Arbeit. Sie brachte ihnen nie versiegende Hoffnung und Erkenntnis. Sie bedeckte die Erde mit ihrem unendlichen Mantel aus Licht, und ihr Kleid hatte die Farben der Natur und war mit all ihren Blumen geschmückt und mit all den Düften dieser Welt parfümiert.

Die Dame war schön und sehr freundlich. Sie behandelte alle Länder und alle Menschen stets gleich. Damals glich ein Tag dem anderen, und alle Tage waren schön. An jedem Ort hielt sie sich gleich lange auf, jedem Menschen gab sie die gleiche Tatkraft, allen brachte sie die Frucht ihrer Arbeit und der ganzen Menschheit Freude und Zufriedenheit. Das war die Herrin des Tages.

Es gab auch einen edlen mächtigen Herrn. Des Nachts ließ er sich zur Erde herab. Sein riesiger dunkler Mantel, in den er die Welt einhüllte, war mit unzähligen diamantenen Sternen bedeckt. Er brachte den Menschen Ruhe und Frieden, er brachte ihnen Stille und Trost, und außerdem brachte er ihnen Träume. Während sie schliefen, erzählte er ihnen herrliche Geschichten über andere Länder. In ihren Träumen erfüllte er ihnen all die Wünsche, die ihnen am Tag versagt worden waren.

Wie die Herrin des Tages war auch dieser Herr schön und sehr, sehr freundlich. Alle Menschen und alle Länder behandelte er gleich. Damals glich eine Nacht der anderen, und alle Nächte waren wundervoll. Überall verbrachte er die gleiche Zeit, allen Menschen schenkte er das gleiche schläfrige Gefühl, allen brachte er die wohlverdiente Ruhe. Die ganze Menschheit trug er in sein Reich der Träume und ungewöhnlichsten Phantasien, und über alles breitete er eine unendliche Stille. Das war der Herr der Nacht.

Aber dieser Herr und diese Dame waren selbst nicht glücklich. Einer liebte den anderen über alles, doch es war ihr Schicksal, daß sie nie zusammensein konnten. Immer mußten sie den gleichen Abstand zueinander wahren. Immer mußten sie sich an entgegengesetzten Teilen der Erde aufhalten.

Beide hatten sie den Garten gesehen, und beide

hatten sie ihn liebgewonnen. Der Garten war am Tag strahlend schön. Bei Nacht hatte er einen geheimnisvollen Zauber. Im Garten gab es auch ein wunderbares Echo, und der Herr der Nacht übermittelte seine Botschaften an die Herrin des Tages über das Echo, das sie wiederholte, sobald sie eintraf, und auch die Herrin des Tages ließ ihre Botschaften an den Herrn der Nacht auf dieselbe Weise ausrichten.

Und aus diesem Grund verbrachten beide Liebende immer mehr Zeit in diesem Garten, und Nacht und Tag wurden dort immer länger.

So verging die Zeit, aber der Herr der Nacht und die Herrin des Tages wurden immer trauriger und konnten ihre Trennung nicht mehr ertragen. Eines Nachts war der Herr so verzweifelt und elend, daß er bitterlich weinte und sein Unglück beklagte, und in dieser Nacht kam der erste Sturm über die Erde, und die Menschen fanden keine Ruhe, und keiner schlief gut. Einige hatten Alpträume.

Als er im Garten ankam, fragte er das Echo: ›O Echo, sag mir, welche Botschaft die Herrin des Tages für mich hinterlassen hat!‹

Und das Echo antwortete: ›Sie sagte, daß es euch beiden nicht bestimmt ist, für immer zusammenzusein. Daß ihr Leid so groß ist wie deins, daß sie aber nicht versucht, das Schicksal zu ändern. Daß es deine Pflicht ist, die Menschen in den Schlaf zu wiegen und über ihre Ruhe zu wachen, und ihre Pflicht, die Menschen zu ihrer mühseligen Arbeit zu ermutigen und am Tag über sie zu wachen. Daß du nie versuchen darfst, dich mit ihr zu vereinigen, denn dieser Augenblick würde das Ende für euch beide sein.‹

Aber der Herr war zu verzweifelt, um auf den Rat zu hören, und rief: ›Sei's drum, ich würde lieber sterben, als dieses Leben mit seiner unendlichen Qual länger zu ertragen. In der kommenden Nacht werde ich hier auf sie warten.‹

Und er begann seine wohlbekannte Reise und flog in Richtung Westen.

Am darauffolgenden Tag war die Dame bedrückt und sehr unglücklich, und so war der Tag düster, und die Menschen, die nachts zuvor schon nicht gut geschlafen hatten, waren träge und hatten keine Lust zu arbeiten. Sie vergeudeten die Zeit. Einige waren übel gelaunt und fingen Streit an, und alle erlebten den ersten schlechten Tag.

In dieser Nacht, als der Herr seine letzte Reise antrat, strahlten die Sterne auf seinem riesigen Mantel, der noch vom Wind der Anden bewegt war, heller denn je. Er hatte noch die Gerüche der Pflanzen und Gewürze des Orients in der Nase. Seine Augen waren von der Dunkelheit der indischen Dschungel umschattet. In seinen Ohren hallte das Gebrüll der Löwen aus dem Atlasgebirge wider.

Er hängte seinen Mantel an den Sternen auf und stieg langsam in den Garten hinab.

Es war eine Nacht voller Ungewißheit und voll von Geheimnissen. Überall schienen angstvolle Schatten über die Erde zu kriechen. Unruhe lag in der Luft, und man konnte den verstohlenen Schritt der Zeit hören, denn es war auch eine Nacht großer Stille.

Der Herr saß die ganze Nacht dort, hatte seinen Kopf nach vorn gebeugt und war tief in Gedanken versunken, und als die Nacht an ihm vorüberging, sagten ihm die zurückweichenden Schatten traurig Lebewohl, und jeder Schatten ließ eine Tauträne auf dem Garten zurück.

Plötzlich tauchte am Horizont ein Licht auf, und der Herr der Nacht erhob sich und sah ihm entgegen. Das Licht wurde stärker, und die Sterne auf seiner Brust verblaßten.

Die Herrin des Tages näherte sich. Sie kam, um ihm die Liebe und den Tod zu bringen. Sie eilte dem Tag voraus, aber in dem Moment, in dem sie in die letzten Schatten der Nacht trat, verließ sie das Leben, und der Herr hielt nur noch ihre Seele in seinen Armen.

Die Sonne stieg auf wie ein allmächtiger König, und eine ihrer Strahlen traf den Herrn der Nacht wie ein tödlicher Pfeil ins Herz.

Seit der Zeit wohnen ihre Seelen in diesem Garten, und aus der Vereinigung von Licht und Dunkelheit entstand das Dämmerlicht.

Außerdem sind die Nächte seither manchmal gut und manchmal schlecht; die Leute arbeiten manchmal, und manchmal vergeuden sie ihre Zeit; manchmal haben sie schöne Träume und manchmal Alpträume. Denn der Herr und die Dame sind nicht mehr da, um Tag und Nacht über sie zu wachen.«

*

Als der alte Mann geendet hatte, stand der Junge auf und sagte:

»*Gracias*, Señor. Ihre Geschichte hat mir gefallen. Und jetzt werde ich mich aufmachen, diesen Garten zu finden.«

Aber der Alte hielt ihn zurück und sagte: »Warte, *chico*. Diese Geschichte ist ein Märchen und der Garten ein Symbol. Man kann ihn nicht finden, wenn man nach ihm sucht, man findet ihn, wenn man auf ihn wartet. Er ist es, der zu uns kommt, um uns seinen Zauber und seinen Frieden zu bringen. Aber nur die Auserwählten, die diesen Zauber suchen, erkennen ihn, Jungen in deinem Alter, in der Morgenröte des Lebens, und Menschen in meinem Alter, in der Dämmerung des Lebensabends, die Frieden suchen.«

Der Junge verstand und machte sich auf den Heimweg nach Sevilla. Als er sich der Stadt näherte, war die Sonne fast untergegangen. Er sah die schönen Auen, die samtweichen Wölbungen der Hügel, anfangs grün, dann rosa, dann blau. Er erblickte die ersten Häuser der Stadt, einige frisch und modern, weiß mit roten Dächern, andere in alter maurischer Art gebaut.

Vor einem der Häuser stand ein junger Mann, sang zu seiner Gitarre und schaute zu einem der Fenster hinauf, das voller Geranien hing.

Der Junge sah das alles, und es hatte eine Bedeutung für ihn, die es noch nie zuvor gehabt hatte. Sein Herz hüpfte vor Freude, und er war sehr glücklich, denn er hatte den Garten des Dämmerlichts entdeckt und erkannt – in all seiner Schönheit und in all seinem Frieden in diesem schönsten aller Länder, Spanien, das zwischen dem Dunkel der Vergangenheit und dem Licht der Zukunft für diesen Zauber lebt.

Der Klee

A cojer el trébol,
el trébol, el trébol.
A cojer el trébol
la Noche de San Juan.

Es ist die Nacht des San Juan in Spanien! Die Nacht der Freudenfeuer und der Kleesucher. Man hört das Lied von jung und alt, und alle sind sie vergnügt auf der Jagd nach dem vierblättrigen Klee. Denn es gibt einen alten Glauben, wonach der, der die seltene Pflanze in dieser Nacht der Nächte findet, für den Rest des Jahres – wenn nicht gar für den Rest seines Lebens – sehr, sehr großes Glück haben wird.

Man muß in der spanischen Überlieferung weit zurückgehen, um die Geschichte zu finden, die hinter diesem Glauben steht.

Es war gegen Ende der maurischen Herrschaft in Spanien. Die Mauren waren von den spanischen Armeen zurückgetrieben worden, aber in Granada, dem letzten Stützpunkt ihres Reiches, waren sie noch ungeschlagen.

Es stand also auf Spitz und Knopf, und genau zu dieser Zeit war es dem großen Musa-ben-Nessayr, dem Führer der Mauren, gelungen, eine junge Dame aus dem spanischen Hochadel zu entführen und sie in der Alhambra gefangenzusetzen. Er hatte eine Botschaft an die Spanier geschickt, in der er sie warnte, ja nicht zu versuchen, die Dame mit Gewalt zu befreien, da er keineswegs zögern werde, sie zu töten, wenn sie auf Granada vorrückten.

Das war natürlich ein großes Hindernis für die spanischen Armeen, denn sie hatten Angst, das Leben einer so hochgestellten Persönlichkeit durch einen Angriff zu gefährden. Man befand sich also in einer Zwickmühle und konnte die Mauren nicht endgültig aus Spanien vertreiben.

Man mußte auf andere Mittel zurückgreifen, um die junge Dame zu retten, und mehrere junge Adlige hatten sich auch schon freiwillig gemeldet und waren, als Mauren verkleidet, nach Granada aufgebrochen. Einige kamen sogar bis in die Alhambra, aber am Ende wurden sie alle entdeckt und auf der Stelle getötet.

*

Juanin, der eigentlich Juan hieß, aber klein war und deshalb zärtlich Juanin genannt wurde, lebte auf dem großen Bauernhof seines Vaters in der Nähe von Salamanca. Dieser Junge hatte soviel Glück, wie man sich kaum vorstellen kann. Er gewann bei jedem Spiel, in der Schule war er immer der Beste. Kurz gesagt, es gelang ihm alles, was er anpackte.

Von allen Tieren auf dem Hof hatte Juanin einen großen dicken Gänserich besonders gern, und dieser erwiderte seine Zuneigung aufs wärmste. Juanin wollte dem Gänserich anfangs seinen Namen geben, da er aber so groß war, nannte er ihn Juanon.

Juanin und Juanon waren die besten Freunde, die man sich denken kann. Sie teilten ihr Essen, und wo der eine hinging, ging auch der andere hin. Das war sehr praktisch für Juanin, da er, leicht, wie er war, auf Juanons Rücken sitzen konnte, und der flog und trug ihn überallhin, wo er nur hinwollte. Wir werden noch sehen, daß Juanin auch darin großes Glück hatte.

Eines Tages, als Juanin ihn streichelte, hob Juanon den Kopf, sah seinen Freund an und sagte: »Also, Juanin, obwohl du dauernd soviel Glück hast und mal abgesehen von der Tatsache, daß du ein wenig zu häufig auf meinem Rücken reitest, bist du eigentlich ein guter Kerl.«

»Wirklich, meinst du, Juanon?«

»Doch, wirklich, Juanin.«

»Das freut mich, und ehrlich, Juanon, trotz deines Aussehens bist du in meinen Augen eine höchst schätzenswerte Persönlichkeit.«

»Ich danke dir, Juanin.« Und Juanon legte ein kleines Säckchen in Juanins Hand.

»Dieses Säckchen«, sagte er, »enthält Kleesamen. Ich habe mich mit diesen Pflanzen eingehend befaßt und habe ihre geheimnisvollen Eigenschaften entdeckt. Die Samen in diesem Säckchen sind mit größter Sorgfalt aus Tausenden von Samenkörnern ausgewählt. Es gibt nicht viele davon, und sie zu finden ist schwierig. Nimm sie und paß auf, daß du sie nicht verlierst, du wirst sehen, daß du sie eines Tages brauchen kannst.«

An diesem Nachmittag hörte Juanin zum ersten Mal von dem jungen spanischen Adelsfräulein, das von dem schrecklichen Musa-ben-Nessayr in der Alhambra gefangengehalten wurde.

*

Und so kam es, wie es kommen mußte. Juanin und Juanon beschlossen, sich nach Granada aufzumachen und die junge Dame aus den Händen der Mauren zu befreien.

An einem schönen Tag, der ein wenig frostiger war als die vorhergehenden, brachen sie auf und folgten den ersten Schwalben auf ihrem Flug Richtung Süden. Juanon flog, so schnell er konnte, Juanin saß auf seinem Rücken und hielt sich so fest wie möglich am Hals seines Freundes fest.

Sie flogen eine lange Zeit: über Städte, Dörfer und Provinzen, über Berge, Täler und Flüsse. Manchmal stiegen sie ganz hoch hinauf, und dann wurde unter ihnen alles ganz klein. Die Menschen waren sogar kleiner als Juanin – was er sehr genoß, denn auf dem Erdboden war ihm diese Perspektive nur selten vergönnt. Ab und zu stießen sie durch die Wolken, wo sie weder etwas sehen noch etwas hören konnten. Dann wurden Juanins Kleider naß, und von Juanons Federn prallte das Wasser ab, dann schimpfte Juanin, und Juanon ging auf Tiefflug. Und dann flogen sie eine Zeitlang ganz nah über die Dörfer hinweg, wo die Menschen zu ihnen aufblickten und ihnen zuwinkten, was natürlich dazu führte, daß sie sich sehr wichtig vorkamen. Einmal war Juanin so aufgeregt, weil er den Leuten etwas zurufen wollte, daß er die Balance verlor und beinahe abgestürzt wäre. Juanon sagte ihm, er solle sich zusammenreißen.

Als sie über die Sierra Morena und den Fluß Guadalquivir flogen, war es schon Abend. Bald danach ließen sie das spanische Hoheitsgebiet hinter sich und befanden sich auf maurischem Territorium. In dieser Nacht erreichten sie Granada.

Juanon flog, ohne daß man auch nur einen Flügelschlag hörte, und als es dunkel wurde, landeten sie unbemerkt in der Alhambra.

Selbst bei Nacht strahlte die Alhambra in unvergleichlicher Schönheit, und die beiden Freunde ließen sich auf einer Mauer nieder, die von Bäumen überschattet war, und betrachteten von ihrem Versteck aus die herrlichen Gebäude.

In diesem Augenblick ging der Vollmond auf, und wie durch Zauberhand war alles erleuchtet, und all ihre Wunder zeigten sich in seinem blassen Licht. Der Duft unzähliger Blüten erfüllte die Gärten, die feine Architektur des Alcázar stand wie silbriges Filigran vor dem tiefblauen Himmel, und die Fontänen des Generalife sangen ihr köstliches Lied. Die Alhambra lag schlafend unter dem Licht des Mondes.

Juanin und Juanon standen reglos und betrachteten all diese Schönheit, und schließlich berührte Juanon seinen Freund mit einem seiner Flügel und meinte, daß sie herausfinden sollten, wo man die Prinzessin versteckt halte.

Sie drangen entlang der Mauer vor, auf der sie gestanden hatten, und hörten plötzlich den Klang von Stimmen.

Zwei maurische Soldaten unterhielten sich. Juanin verstand ihre Sprache nicht, aber Juanon kannte sie in- und auswendig. Er hörte eine Weile zu, und als sich die beiden Soldaten entfernten, wandte sich Juanon seinem Freund zu: »Sie sagten, daß morgen die Zeremonie stattfinde, bei der die junge Dame in den Harem von Musa-ben-Nessayr aufgenommen werde. Zufällig habe ich von ihnen auch erfahren, wo man die schöne Dame gefangenhält. Steig auf meinen Rücken, Juanin, und laß uns aufbrechen.«

Das tat Juanin, und zwar so hastig, daß sie fast von der Mauer gefallen wären, und dann flog Juanon in Richtung eines Gebäudes und landete nach einigem Zögern auf einem Fenstersims.

Der Raum hinter dem Fenster war von einem einzigen Licht erhellt und wunderschön im maurischen Stil eingerichtet. Die Wände waren sehr farbenprächtig, die Mosaiken und arabischen Inschriften leuchteten im schwachen Licht. In einer Ecke schlief das Mädchen auf einem Diwan. Ihr Haar ergoß sich auf die Kissen, die auf dem Boden lagen.

Juanin betrat den Raum und näherte sich ihr auf Zehenspitzen, Juanon folgte. Beide beugten sich über den Diwan und schauten sie eine lange Zeit an. Keiner der beiden war, was Schönheit anbelangte, ein Kenner, aber sie wußten, daß dies das schönste menschliche Wesen war, das sie je gesehen hatten.

Wieder berührte Juanon seinen Freund mit dem Flügel: »Soll ich verschwinden?«

»Red keinen Blödsinn.« Und Juanin wurde rot bis unter die Haare, weil sein Freund seine Gefühle erkannt hatte.

In diesem Augenblick wachte die junge Dame auf, und als sie die beiden fremden Wesen sah, die sich über sie beugten, schrie sie auf, und der Schrei hallte klar durch die Stille der Nacht.

Juanin legte den Finger auf den Mund, und Juanon schlug mit den Flügeln.

»Seid still«, riefen sie. »Wir sind Freunde, die gekommen sind, Euch zu retten.« Aber der Schrei war bereits gehört worden, und vor dem Fenster erhoben sich Stimmen.

»Wer ist da?« rief einer.

»Jemand ist im Zimmer des Mädchens«, riefen mehrere.

Und sofort hörte man vom Korridor, der zu dem Raum führte, in dem sie sich befanden, das Geräusch von Schritten.

»Beeilt Euch!« rief Juanin. »Laßt uns auf den Rükken meines Freundes steigen und wegfliegen, bevor sie uns festnehmen.«

Aber Juanon ließ traurig den Kopf hängen.

»Ich kann nicht beide tragen«, sagte er. »Das wäre zu schwer für mich, und ich könnte nicht fliegen.«

In diesem Augenblick schlug jemand gegen die Tür.

»Dann trag sie weg«, rief Juanin und half dem Mädchen auf den Rücken seines Freundes. »Bring sie in Sicherheit.«

»Aber ich kann dich hier nicht zurücklassen«, widersprach Juanon, »du bist mein bester Freund.«

»Trag sie weg, Juanon, sie ist wichtiger, kümmer dich nicht um mich, ich zähle nicht. Flieg weg, bevor es zu spät ist.«

Juanon sah seinen Freund mit traurigen Augen ein letztes Mal an, und als er mit seiner kostbaren Last durchs Fenster flog, wurde die Tür aufgestoßen, und dahinter stand der große Musa-ben-Nessayr mit Augen, die wie zwei Kohlen glühten, und einem bloßen Säbel in der Hand, der bedrohlich blitzte.

»Wer bist du?« donnerte er Juanin an. Und dann, als er den leeren Diwan sah: »Wo ist die Dame?«

Juanin fand es ziemlich überflüssig, die erste Frage zu beantworten, und beschränkte sich darauf, mit großer Geste zum Fenster zu zeigen. In einiger Entfernung sah man die beiden Fliegenden wie einen hellen Fleck gegen den andalusischen Himmel.

»Packt ihn!« schrie Musa-ben-Nessayr seinen Soldaten zu und stürzte säbelschwingend zum Fenster. Als er aber hinausschaute, sah er, daß es zu spät war, und er blieb dort stehen und blickte zum Himmel hinauf in Richtung Norden, wohin die Dame geflogen war und wo sich seine Feinde befanden.

Als er sich umdrehte, waren seine Augen voller Tränen, und seine ganze Haltung drückte so großen Schmerz aus, daß er selbst Juanin etwas leid tat.

Der schwere Duft unzähliger Blüten wehte durchs Fenster, und Musa-ben-Nessayr sagte mit weicher Stimme: »In keinem Garten blühte je eine Blume, die so schön war wie die Liebe meiner Seele für sie. Keines der goldenen Dächer unserer heiligen Moscheen glänzte so hell und umschloß eine solche Reinheit wie ihr goldenes Haar.«

Die Wasser der Fontänen begleiteten aus der Ferne seine Worte mit ihrem Gesang.

»Alle Brunnen der Alhambra zusammen waren

nicht so melodisch wie ihre Stimme. Der Schnee auf den Sierras war nicht so weiß wie ihr schönes Gesicht.«

Er lehnte sich ans Fenster, und die kühle Nachtbrise trug seine Stimme davon.

»Ihr Mund war verlockend und unnahbar wie eine ferne Oase. Und kein Stern über der Wüste strahlte so hell und unerreichbar wie ihre Augen.«

»Und du«, sagte er voll Zorn zu Juanin, »hast sie von mir weggeschickt – du, den ich wie einen Wurm zertreten könnte. Aber morgen mittag wirst du dafür bezahlen, du wirst unter der Folter sterben.« Und er wirbelte aus der Tür wie ein Hurrikan.

Juanin versuchte, ihm einen Fußtritt zu geben, als er an ihm vorbeirauschte, aber seine Beine waren zu kurz, und er verpaßte ihn um ein paar Zentimeter. Er gab sich damit zufrieden, daß er ihm nachschrie: »Ich bin vielleicht ein Wurm, aber einen Vogel wie dich hab' ich doch reingelegt.« Juanin nahm jede Anspielung auf seine Größe übel, und nun tat ihm der große Maure überhaupt nicht mehr leid.

Juanin wurde von den Soldaten in die Gärten hinuntergeführt oder, besser gesagt, geschleppt. Sie brachten ihn an einen verlassenen Ort, wo eine Mauer stand, an der mehrere Ketten befestigt waren. In der Nähe der Mauer wuchs kein Gras, es war von den Füßen vieler Gefangener weggetrampelt worden. Die Soldaten befestigten eine der Ketten an Juanins Knöchel. Bevor sie gingen, stellten sie zwei Wachen zu seiner Aufsicht ab, die sich nahe bei ihm niederließen.

Als er alleine war, gab er sich seinem Schmerz hin

und begann, sein Unglück zu beklagen: »Warum hat mich mein Glück ausgerechnet jetzt verlassen, wo ich es am meisten brauche, wo ich die beste Tat meines Lebens vollbracht habe«, weinte er.

Dann erinnerte er sich und zog das Säckchen mit Kleesamen aus seiner Tasche, das ihm Juanon gegeben hatte. Er öffnete es und blickte voll Zorn auf die Samenkörner, die sich darin befanden.

»Als mein guter Freund mir das geschenkt hat, sagte er, daß ich euch eines Tages vielleicht brauchen könne. Ich brauche jetzt dringend Hilfe, aber wie könntet ihr mir helfen?«

Und er ließ den Inhalt des Säckchens auf den dürren Boden fallen und weinte den Rest der Nacht bitterlich über ihm.

Kurz vor Sonnenaufgang schlief Juanin ein und träumte, daß er ein großer Herr sei, der mit der schönen vornehmen Dame verheiratet war, und Musa-ben-Nessayr war sein Sklave. In seinem Traum versetzte Juanin dem Mauren einen Fußtritt nach dem anderen und verfehlte ihn kein einziges Mal.

Als die Soldaten am Morgen beschlossen, Juanin aufzuwecken, entdeckten sie ein ganzes Kleefeld um ihn herum. Sie waren ganz sicher, daß es sich am Tag zuvor noch nicht dort befunden hatte, und als sie nochmals genauer hinschauten, sahen sie, daß jede Kleepflanze vier Blätter hatte.

Die Nachricht von diesem außerordentlichen Ereignis verbreitete sich schnell, und bald versammelte sich eine große Menge vor Juanin, die den Klee bestaunte. Der Lärm weckte Juanin gerade in dem Augenblick, als er dem Mauren einen weiteren Fußtritt versetzen wollte, und das ärgerte ihn ziemlich, als er aber die vielen Leute sah, dachte er, seine letzte Stunde sei gekommen.

In diesem Moment traf Musa-ben-Nessayr ein, und alle traten beiseite, um ihm Platz zu machen. Er hielt vor dem Kleefeld an, betrachtete es voller Staunen, und dann veränderte sich sein Gesicht, Ehrfurcht überzog es, und er rief: »In den Staub mit euch! In den Staub mit euch allen! Der Erwählte Allahs weilt unter uns. Die Propheten sagten, daß er einst kommen werde und wir ihn als Feind betrachten würden, daß wir ihn aber daran erkennen sollten, daß überall dort, wo er eine Nacht verbringt, seltsame Pflanzen blühen. Und wahrlich, die Weissagungen haben sich erfüllt, denn ich habe noch nie Klee gesehen, der vier Blätter hat.«

Sprach's und warf sich vor Juanin, der keine Ahnung hatte, was hier vorging, zu seinem großen Erstaunen aber seiner Ketten entledigt und frei war, zu Boden.

Danach erhob sich Musa-ben-Nessayr und eröffnete Juanin, daß er über alles, so weit sein Auge reiche, und über noch viel mehr, verfügen könne; er brauche nur einen Wunsch zu äußern, er werde ihm sofort erfüllt.

Juanin, der alles andere als auf den Kopf gefallen war, hatte die Situation inzwischen erfaßt und spielte seine Rolle meisterhaft. Er verlangte das beste Pferd aus den Ställen, sonst nichts, da er es eilig hatte zu verschwinden. Aber er pflückte den ganzen Klee und verstaute ihn sorgfältig in seiner Tasche.

Und so geschah es, daß Juanin an diesem Morgen,

statt getötet zu werden, von den Mauren im Triumph zu den Toren Granadas geleitet wurde, und als Musaben-Nessayr ihm Lebewohl sagte, nahm Juanin ein Kleeblatt aus seiner Tasche, reichte es ihm und sagte, daß es sein Schicksal bestimmen werde. Ob es ihm aber Glück oder Unglück bringe, darüber ließ sich Juanin nicht näher aus.

Um es genau zu sagen, das Kleeblatt brachte dem Herrscher der Mauren kein Glück. Juanon, der die Dame in Sicherheit gebracht hatte, war bereits über die spanischen Lager geflogen und hatte die Armeen in Bereitschaft gesetzt, die auf Granada vorrückten und es einnahmen, da ja jetzt kein Grund mehr bestand, sich zurückzuhalten.

Natürlich war das vierblättrige Kleeblatt für Juanin von da an ein Glücksbringer, und obwohl es in keinem Geschichtsbuch steht, spielten Juanin, Juanon und diese geheimnisvolle Pflanze eine bedeutende Rolle bei der Eroberung Granadas und der vollständigen Vertreibung der Mauren von spanischem Boden.

Bis heute ist nicht bekannt, weshalb Juanin die schöne Dame nicht heiratete. Statt dessen ging er zurück auf seinen Bauernhof und nahm den Klee mit, und der brachte ihm so viel Glück, daß er sein ganzes Leben lang Junggeselle blieb und bis ins hohe Alter so zufrieden lebte, wie ein Mensch nur leben kann.

Einmal, am Tag des San Juan, seines Namenspatrons, sagte Juanin zu Juanon: »Laß uns das Glück über der Welt ausstreuen. Ich habe soviel davon gehabt, wie man sich nur wünschen kann. Jetzt bin ich alt und brauche es nicht mehr. Was meinst du, fliegen wir doch heute nacht hoch hinauf und verteilen den Klee über die Welt, dann hat jeder eine Chance, und sie müssen suchen, wenn sie ihr Glück finden wollen.«

»Suchet, so werdet ihr finden«, meinte Juanon. »Aber das heißt, daß ich dich auf meine alten Tage auf meinem Rücken tragen muß.«

»Es ist das letzte Mal, Juanon.«

Und in dieser Nacht flogen die beiden Freunde sehr hoch hinauf, höher, als sie je zuvor geflogen waren, und streuten den vierblättrigen Klee über die ganze Welt.

Es war die Nacht des San Juan, und seither ist in dieser Nacht der Nächte jung und alt unterwegs, den vierblättrigen Klee zu finden, und alle singen vergnügt:

»A cojer el trébol,
el trébol, el trébol.
A cojer el trébol
la Noche de San Juan.«

Segel

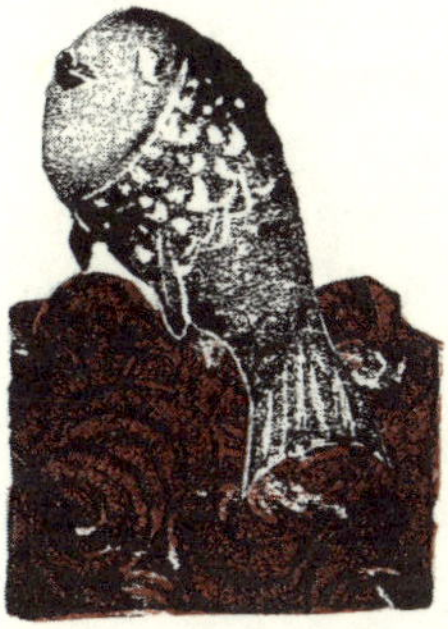

An der Ostküste Spaniens, am Mittelmeer, liegt verstreut eine Anzahl von Fischersiedlungen. Man sagt, daß sie in den alten Tagen einmal alle zusammengehörten und die ganze Küste ab der Straße von Gibraltar bis hin zum Golf von Lyon beherrschten.

Diese primitive Republik, wenn man sie so nennen darf, lebte vom Fischen, und ihr Handelszentrum lag irgendwo an der Küste zwischen Valencia und Katalonien.

In diesen Tagen gab es noch keine Segel, und wenn man zur See fuhr, wurde gerudert. Es muß ein schöner Anblick gewesen sein, wie diese einfachen Männer in ihren großen Booten über das Meer fuhren, wie ihre glänzenden, starken, sonnenverbrannten Körper sich über die Ruder beugten, ihre Muskeln sich anspannten und ihre scharfen Augen den Gischt der Wellen nicht aus dem Blick ließen oder sich träumerisch am fernen Horizont verloren.

Die Machthaber dieser alten Republik planten, ihre Nation auf alle Küsten des Mittelmeers, des einzigen Meers, das sie kannten, auszuweiten, mit anderen Fischersiedlungen in Kontakt zu treten und einen großen Meeresbund zu gründen, in dem sich alle Seefahrervölker, deren Länder an das gleiche Wasser grenzten, unterstützen und helfen würden; denn, wie sie sagten: das Meer war für sie alle ein großer Freund, es brachte ihnen Nahrung und Freude, konnte aber auch durchaus für alle zum Feind werden, wenn es sie mit seinen Stürmen zu zerstören drohte.

Und es war zu dieser Zeit, als der schöne Gedanke, einen Meeresbund zu gründen, in den Köpfen dieser einfachen Menschen Gestalt annahm, es war zu dieser Zeit an einem herrlichen Sonntagmorgen, daß man an der Küste zwischen Valencia und Katalonien ein kleines Kind fand.

Kein Mensch begriff, wie dieses Kind lebend an die Küste gelangt war, gerade so, als ob die See es ausgespuckt hätte, und die alten Männer der Siedlung sagten, daß ein Kind, das auf so erstaunliche Weise in die Welt trete, und dazu noch an einem Sonntagmorgen, ohne Zweifel von der Vorsehung geschickt und geboren worden sei, um große Taten zu vollbringen.

Das Kind, ein Junge, wurde freudig in der Siedlung aufgenommen und erhielt den Namen Salvador.

Er wuchs unter den Leuten auf, und jeder liebte ihn. Als Junge spielte er mit den anderen Kindern seines Alters, und eines Tages, als er stark genug war, ein Ruder zu halten, ging er mit den Männern zum Fischen aufs Meer hinaus.

Und so wuchs er zu einem hübschen Jungen heran: seine Schultern waren durch das Rudern breit geworden, seine Muskeln geschmeidig, sein Körper groß und schlank, seine olivfarbene Haut hatte der Seewind dunkel gefärbt, seine schwarzen Augen hatten an Tiefe gewonnen, sein Verstand hatte sich geschärft, und er besaß ein mutiges Herz.

Jedermann sagte, daß er ein achtbarer Seemann werden würde und eines Tages für seine Leute von großem Nutzen sein könne, aber die Mädchen sagten, daß er schon jetzt der bestaussehende Mann in der ganzen Siedlung sei, und eines Tages werde er, wie sie hofften, ein wunderbarer Liebhaber sein.

Tatsache war allerdings, daß diese Hoffnung der Mädchen ein wenig unbegründet war, da er sich nie besonders zu einer von ihnen hingezogen fühlte. Sein Kopf schien mit anderen Dingen beschäftigt zu sein, die vielleicht nicht so spannend waren, ihn aber eindeutig mehr interessierten.

Wenn er am Abend vom Fischen zurückkam, verrenkten sich die Mädchen am Strand in seltsamen Posen, die sie für attraktiv hielten und womit sie seine Aufmerksamkeit auf sich ziehen wollten, aber normalerweise ging er geistesabwesend an ihnen vorbei und bemerkte ihr Lächeln und ihr Erröten überhaupt nicht.

Einmal, als er am Strand lag und seine Augen weit nach draußen wandern ließ, kam einer seiner Freunde auf ihn zu und sagte: »Na, an welches Mädchen denkst du denn, Salvador?«

Salvador antwortete nicht, er hatte nicht einmal bemerkt, daß jemand neben ihm stand.

Sein Freund wiederholte die Frage, die sich inzwischen eigentlich erledigt hatte, aber Salvador schüttelte den Kopf: »Mein Herz ist nicht auf dem Land, es ist draußen auf dem Meer, jenseits des Horizonts, ich möchte wissen, was dort ist.«

»Ach so, und ich dachte, daß du an etwas Wichtiges denkst.«

»Das tu' ich auch«, sagte Salvador und sah seinen Befrager an. »Soll ich dir etwas verraten? Ich bin verliebt.«

»Wirklich?« rief sein Freund und beugte sich vor, als ob er einem interessanten Geständnis zuhöre. »Und in wen?«

»In das Abenteuer«, sagte Salvador sehr ernst.

Sein Begleiter sah schrecklich enttäuscht aus, ging weg und ließ Salvador, dessen Augen in die Ferne blickten, auf dem Sand liegend zurück.

*

Eines Tages ging Salvador am Strand entlang, als er eine große Ansammlung von Menschen bemerkte, in deren Mitte der Älteste der Siedlung stand. Er sprach von einer kleinen Sanddüne aus zu den Leuten.

Der alte Mann sagte: »Alle Vorbereitungen sind getroffen. Die Menschen an den fernen Gestaden jenseits des Horizonts erwarten uns. Sie warten darauf, daß wir ihnen das Banner des Meeres bringen, das uns Seefahrer alle zu Brüdern machen wird, denn das Meer ist das wahre Vaterland all derer, die an seinen Küsten leben. Das Banner ist jetzt fertig. Alle Jungfrauen unserer Siedlung haben es zusammen gewebt. Das Banner ist fertig: Seht es euch an!«

Und zwei junge Männer, die neben ihm standen,

hoben die Fahne in die Höhe, die an einer Ruderstange befestigt war: eine große weiße Fahne, die im Wind flatterte. Und dann fielen all die Männer und Frauen, die dort versammelt waren, auf die Knie und grüßten das Banner des Meeres.

»Wie schön und weiß es vor dem blauen Himmel und dem blauen Meer aussieht«, dachte Salvador.

Der alte Mann fuhrt fort: »Diese Fahne repräsentiert alles, wofür unser Volk steht, alle Ideale und Gefühle der Seefahrernation. Einen von uns werden wir jetzt wählen und mit der Mission betrauen, die Fahne über das Meer zu anderen Ländern und Völkern zu tragen. Wählt ihn!«

»Salvador!« riefen tausend Stimmen wie aus einem Mund, und der Name stieg klar in den schönen Tag über der Küste auf.

Salvador, der in die Betrachtung der Fahne versunken war, wachte auf, als ihm sein Name wie ein Echo vom Meer her entgegenschlug, als ob die Wellen ihn rufen würden. Alle wandten sich nach ihm um und machten ihm Platz.

Salvador, der ein Träumer war, hatte kaum mitbekommen, was da alles geschehen war, aber er schien nicht im mindesten überrascht zu sein und ging durch die jubelnde Menge hindurch ruhig auf den alten Mann zu, als ob es die natürlichste Sache der Welt sei.

Der alte Mann sah Salvador mit einem gütigen Lächeln an und sagte: »Salvador, deine Leute haben dich gewählt, und ich glaube, daß sie eine gute Wahl getroffen haben. Du verdienst es, als erster Mann unter uns mit dieser Mission betraut zu werden, denn du bist mutig, du bist ein guter Seemann, und du hast einen guten Charakter.« Und nachdem er das gesagt hatte, umarmte der alte Mann Salvador und gab ihm die Fahne in die Hand.

Salvador, der sich so plötzlich im Mittelpunkt eines bedeutenden Geschehens fand, schien nicht erstaunt zu sein. Er nahm die Fahne in der gleichen natürlichen Art, wie er alle Dinge im Leben zu tun pflegte, und hielt sie vor seinen Leuten hoch.

Als der Jubel verebbte, fuhr der alte Mann fort: »Du wirst eine Gruppe Männer auswählen, die dich auf dieser Expedition begleiten, und du wirst mit der Fahne abfahren und nicht zurückkommen, bis du alle Völker entlang des Mittelmeers besucht und ihnen unsere Fahne gezeigt hast, die auch ihre Fahne ist, und bis du ihnen gesagt hast, daß wir alle Brüder sind, daß wir alle der gleichen großen Nation angehören, der Nation der Seefahrer.«

*

Am nächsten Tag hatten sich alle am Strand versammelt. Salvador marschierte mit der Fahne den Strand hinunter, gefolgt von den hundert besten Männern, die ihre Ruder geschultert hatten. Er stieg in ein Boot, das sehr viel größer war als die anderen und das speziell für dieses Unternehmen gebaut worden war. Er stand im Vorderteil des Schiffes. Dann senkte er die Fahne in die Wellen hinab, hob sie wieder empor und küßte sie.

Am Strand erhob sich ein riesiger Beifallssturm.

Salvador gab das Kommando. Alle Ruder tauchten gleichzeitig ein, hoben und senkten sich im Gleichtakt an den Seiten des dahingleitenden Bootes wie die Beine eines Tausendfüßlers.

Als sie abfuhren, war der Himmel klar, aber gegen Nachmittag begannen sich am Horizont Wolken zu bilden, und der Wind frischte auf.

Salvador hatte am Heck seinen Männern gegenübergestanden und ihnen seine Anweisungen gegeben, aber jetzt sah er auf die See hinaus und runzelte die Stirn. Die Männer waren es nicht gewöhnt, so weit aufs Meer hinaus zu fahren. Die Farben der See hatten sich verändert; die Wellen schlugen hoch, und das Boot schaukelte gefährlich.

Salvador stand und schaute den Männern zu, wie sie sich im Takt vor- und zurückbeugten, als ob sie einen unsichtbaren Feind abdrängen wollten, und er legte seine Hand auf die Fahne, die neben ihm lag, und umklammerte sie. Die See erhob sich gegen sie.

Als es Nacht wurde, brach ein fürchterlicher Sturm los. Der Wind fauchte voller Zorn, die Wellen erreichten eine erschreckende Höhe, warfen das Boot wütend hin und her, hoben es mit unwiderstehlicher Gewalt nach oben und schleuderten es danach in einen schwarzen Abgrund. Das Meer, das an diesem Morgen so blau und friedlich gewirkt hatte, war jetzt ein schwarzes Ungeheuer, das sich erhob, um alles zu zermalmen und zu verschlingen, was auf seiner Oberfläche schwamm.

Die Männer hielten sich mit aller Kraft an ihren Rudern fest, spannten ihre Muskeln, die Gesichter blaß vor Furcht. Aber ihre Anstrengungen gegen die Kräfte der Natur waren umsonst, und die See trieb sie mit rasender Geschwindigkeit immer weiter vom Land ab.

Da waren sie also, verlassen, fern von allem, inmitten dieser unendlich großen Einsamkeit und Dunkelheit, der wütenden See ausgeliefert.

Als die Nacht fortschritt, schien der Sturm stärker zu werden. Die Wellen wurden noch größer, so hoch wie Berge. Viele der Ruder waren zerbrochen, und immer mehr Wasser füllte das Boot.

Die ganze Nacht über kämpften die tapferen Seeleute verzweifelt. Kein einziger von ihnen verlor auch nur ein Wort über die Furcht, die sich auf ihren Gesichtern malte. Wem das Ruder entrissen oder in diesem aussichtslosen Kampf gegen die See zerbrochen war, der versuchte, das Wasser auszuschöpfen, das das Boot füllte.

Bei jedem Blitz konnte man die Augen der Männer sehen, die dem Tod ins Antlitz schauten, sie hatten sie auf Salvador gerichtet, der bewegungslos am Heck stand, als ob er das Wasser, das ihn überschüttete, den Wind, der ihm durch das Haar fegte, und die Wellen, von denen jede das Ende bedeuten konnte, die Schwärze der Nacht, die die Schrecken verbarg und in der der Tod lauerte, gar nicht bemerken würde. Seine Gedanken schienen weit weg zu sein, als ob das alles ihn nichts anginge. Das Abenteuer, nach dem er sich so lange gesehnt hatte, war endlich zu ihm gekommen – vielleicht, um ihn zu zerstören.

Und dann blickte er wieder auf seine Männer und sah, daß sie vor Erschöpfung keuchten, daß ihre Augen auf ihn gerichtet waren, daß sie ihre zerbrochenen Ruder in den geballten Fäusten hielten und jegliche Hoffnung aus ihren Gesichtern gewichen war.

Er wußte, daß es das Ende war, daß diese Männer nicht länger kämpfen konnten, und da sprach er mit einer Stimme zu ihnen, die selbst das Brausen des Meeres übertönte.

»Es ist hoffnungslos, wir sind am Ende und müssen wie tapfere Seeleute sterben. Laßt uns zusammen singen, während wir untergehen, laßt uns das Banner des Meeres erheben, das uns bald in seinem Schoß aufnehmen und uns in ewigen Schlaf versenken wird.«

Und zwei Männer stolperten nach vorn und halfen Salvador, die Fahne an den letzten beiden Rudern, die noch übriggeblieben waren, so zu befestigen, daß sie aufrecht stand, und die Fahne stieg nach oben wie der lebendige Geist des Meeres. Dann sangen sie zusammen, und der Sturm übertönte ihre erschöpften Stimmen, und als Salvador sie alle so mutig ihrem Schicksal ergeben sah, spürte er ein unendliches Erbarmen mit ihnen, und auf seinen Lippen vermischte sich der Geschmack seiner Tränen mit dem Salzwasser der See.

Während aber die Männer noch sangen, geschah etwas Erstaunliches: Die Fahne blähte sich, sie wuchs zusammen mit den Rudern in die Höhe, und der Sturm konnte sie nicht wegblasen. Und dann legte sich der Sturm, der Wind nahm ab, die See wurde friedlich, und eine sanfte Brise griff in die Fahne und trug das Boot weiter.

Die Männer waren starr vor Staunen, und das Lied erstarb ihnen auf den Lippen. Eine lange Zeit über sagten sie kein Wort, und dann brach ein großer Jubel aus, und sie begannen voller Begeisterung und mit erneuter Kraft zu singen. Nur Salvador verhielt sich still, für ihn war das alles die natürlichste Sache der Welt. Er hob nur seinen Kopf mit geschlossenen Augen in die Höhe und atmete tief ein. Das erste Segel war entstanden, wie eine Blume, die plötzlich aus dem Meer wächst.

*

Die Sonne stieg über einer wunderschönen See auf und leuchtete in allen Farben, wie ein großartiges goldgesprenkeltes Juwel. Sie näherten sich einer der Inseln der Balearen und glitten so geschwind über die Wellen, als ob das Boot das Wasser gar nicht berühre, als ob sie fliegen würden, und ihr improvisiertes Segel richtete sich wie die Flügel eines Vogels nach dem Wind.

Sobald sie der Insel näher kamen, sahen sie eine große Menschenmenge am Strand, und als sie landeten, wateten mehrere Männer mit Tauen ins Wasser und zogen das Boot an Land.

Als Salvador und seine Männer den Strand betraten, kam ein Mann auf sie zu, der seinem Aussehen nach der Anführer war, und sagte zu Salvador, nachdem er sich vor ihm verbeugt hatte: »Ich heiße Euch willkommen, König. Wir haben all die Zeit auf Euch gewartet, ohne die Hoffnung zu verlieren, denn unsere Weisen sagten, daß Ihr an diesem Tag zu uns zurückkehren würdet.«

Und alle Leute am Strand schrien und jubelten eine ganze Zeitlang und schienen sehr glücklich zu sein.

Jetzt waren die Begleiter Salvadors wirklich verblüfft, sah es doch so aus, als stehe ihnen eine neue Überraschung ins Haus, noch ehe sie sich von der vorherigen erholt hatten. Aber Salvador nahm die Neuigkeiten auf, ohne im geringsten erstaunt zu sein. Das einzige, was ihn, obwohl er es sich nicht anmerken ließ, wirklich verdutzte, war die Tatsache, daß diese Leute, die ohne einen König so gut zurechtgekommen waren, nun plötzlich so glücklich waren, wenn ihnen das Meer einen ans Land spülte.

»Kommt, mein König«, fuhr der Anführer fort, »Euer Palast erwartet Euch. Es ist dort nichts auch nur berührt worden, es ist alles so, wie Euer Vater es hinterlassen hat. Wir werden Euren Begleitern alles zur Verfügung stellen, was sie zu ihrer Bequemlichkeit brauchen, und ihnen alle Ehren erweisen, die der Eskorte eines Königs gebührt.«

Aber Salvador zeigte auf das Segel seines Bootes und sagte: »Ich bin nur gekommen, um euch das Banner des Meeres zu bringen, das Banner der Nation, zu der alle gehören, die an seinen Küsten leben. Ich bringe euch eine Botschaft der Liebe von euren Brüdern jenseits des Horizonts, und wenn ich, als euer König, einen Wunsch äußern darf, dann möchte ich, daß ihr Schiffe baut, die mit Segeln, diesem Banner des Meeres, ausgestattet sind, und mir zu den anderen Küsten folgt, denn ich habe versprochen, daß ich dieselbe Flagge und dieselbe Botschaft auch dorthin trage. Ich bleibe bei euch, bis die Schiffe gebaut sind, und dann werden wir uns mit einigen von euch wieder auf den Weg machen.«

Und dann fingen die Menschen, die sich während Salvadors Rede ruhig verhalten hatten, wieder an zu jubeln und trugen Salvador und seine Begleiter auf ihren Schultern zum Palast: einem imposanten Gebäude, das auf einem hohen Berg stand.

In dieser Nacht wurde für den neuen König ein großes Fest gegeben. Die köstlichsten Speisen des Landes wurden ihm und seinen Begleitern auf goldenen Tellern von wunderschönen Jungfrauen serviert. Es war ein hervorragendes und reichliches Mahl, das den sonst durch nichts zu erschütternden Appetit dieser erfahrenen Seeleute auf eine harte Probe stellte.

Es heißt, daß danach noch traditionelle Gesänge und Tänze geboten wurden, eine willkommene Abwechslung für Auge und Ohr dieser Männer, die aus der Eintönigkeit der See kamen.

Als alle anderen sich zurückgezogen hatten und König und Anführer allein waren, sprach Salvador sein Gegenüber an und fragte ihn, wie es denn dazu gekommen war, daß er ihr König sei und an der Küste zwischen Valencia und Katalonien gefunden wurde.

Und der Mann begann seine Geschichte folgendermaßen: »Euer Vater, der ehemalige König dieses

Volkes, dessen Andenken wir hier alle verehren und hochhalten, hat das Meer immer sehr geliebt. Sein einnehmender und bescheidener Charakter hatte ihm die Liebe all seiner Untertanen eingebracht. Er verbrachte die größte Zeit seines Lebens mit den Fischern, fuhr mit ihnen aufs Meer hinaus und teilte ihr Leben.

Einer der Fischer hatte eine Tochter, die ein wenig jünger war als Euer Vater. Sie kannten sich, seit sie Kinder waren, aber es wäre ihnen nie in den Sinn gekommen, daß ihre Gefühle füreinander etwas anderes seien als herzliche Freundschaft.

Eines Tages jedoch, als Euer Vater in den Palast zurückkehrte und mit einigen der jungen Fischer scherzte, die er zum Abendessen mitnahm, wie er das gerne tat, sah er das Mädchen, als es gerade Netze knüpfte, und er sah es vor dem Sonnenuntergang, vor dem Himmel und vor dem Meer, das in allen Farben leuchtete. Die Szenerie muß ihren Zauber verstärkt haben, und es ist ja bekannt, daß die Sonnenuntergänge auf den Balearen die schönsten auf der ganzen Welt sind. Euer Vater erkannte, daß er sie liebte, und beschloß, sie zur Frau zu nehmen.

Da die Dinge auf dieser Welt aber selten so glatt verlaufen, wie wir es uns wünschen, gab es am Hof Eures Vaters eine Dame, die sehr in ihn verliebt war. Als sie erfuhr, daß Euer Vater vorhatte, die Tochter des Fischers zu heiraten, wurde sie von einer so großen Eifersucht erfaßt, daß sie zu jedem nur möglichen Mittel griff, um die Heirat zu verhindern.

Euer Vater war allerdings von seinem Vorhaben nicht so leicht abzubringen, und deshalb fand die Hochzeit in aller Stille eines Nachmittags statt, und man befolgte das hier übliche Ritual: Braut und Bräutigam gingen Arm in Arm ins Meer, bis sie auf dem Wasser trieben, denn man glaubt hier allgemein, daß sie untergehen, wenn die Eheschließung nicht rechtens ist.

Diese Eheschließung schien rechtens zu sein, denn das Paar trieb wunderschön auf dem Wasser, und Euer Vater, der sehr glücklich war, begann, mit Wasser herumzuspritzen und Eure Mutter zu necken, und dann nahm er sie in seine Arme und trug sie lachend an den Strand, was den Ablauf der Zeremonie ein wenig durcheinanderbrachte. Aber Euer Vater hat Zeremonien nie sehr ernst genommen.

Euer Vater und Eure Mutter waren sehr glücklich miteinander, aber ihr Glück war nicht von langer Dauer, denn unglückseligerweise wurdet Ihr ein Jahr später geboren …«

»Wieso unglückseligerweise?« unterbrach ihn Salvador.

»… und Eure Mutter starb bei der Geburt.

Ihr wart deshalb der einzige Thronfolger. Euer Vater kam nie über den Tod Eurer Mutter hinweg; er dankte ab, und man sah ihn nur noch selten. Aber die Dame, von der ich vorher gesprochen habe, zeigte selbst nach dem Tod ihrer Rivalin kein Mitleid, und da sie wußte, daß Ihr der einzige Anwärter auf den Thron wart, beschloß sie, Euch aus dem Weg zu schaffen, auf daß kein Sohn der Frau, die sie am meisten haßte, je die Regierung übernehmen sollte.

Um das zu erreichen, verhandelte sie mit einer Hexe und gab ihr den Auftrag, Euch eines Nachts aus Eurer Wiege zu stehlen und ins Meer zu werfen. Aber die Hexe, die zweifellos nicht so böse war wie die Dame, hatte Eures zarten Alters wegen Mitleid mit Euch, und statt Euch zu ertränken, hat sie sich, wie es scheint, entschieden, über das Meer zu fliegen und Euch an der gegenüberliegenden Küste auszusetzen, da sie wußte, daß man Euch finden und sich um Euch kümmern würde, denn es ist ja bekannt, daß die meisten Leute, die am Meer leben, freundlich sind.

So hat es sich wahrscheinlich zugetragen, und das erklärt, wie Ihr an diese Küste gelangt seid und gefunden wurdet, was Ihr mir ja bereits erzählt habt.

Nach Eurem Verschwinden wurde Euer Vater von seinem Schmerz so überwältigt, daß er seine Frau nicht mehr lange überlebte, und eines Tages machte er sich auf, sich an einem abgelegenen Fleckchen am Meer, das beide sehr geliebt hatten, wieder mit ihr zu vereinen.

Die Weisen im Lande beharrten darauf, daß Ihr noch am Leben wärt und eines Tages wieder zurückkommen würdet, und aufgrund einiger komplizierter Berechnungen der Sterne wurden sie sich einig, diesen Tag im Kalender als den Tag Eurer Rückkehr festzulegen. Aus diesem Grund haben wir heute morgen alle am Strand auf Euch gewartet, und das zeigt wieder einmal, daß die Sterne nie lügen.«

Als der Mann seine Geschichte beendet hatte, stand Salvador auf und sagte: »Da das Geheimnis um meine Herkunft nun gelüftet ist und mich nicht länger beschäftigt, können wir ja schlafen gehen.« Und er ging in ein luxuriös ausgestattetes Zimmer und schlief wie ein richtiger König.

*

Salvador blieb eine Zeitlang auf der Insel, während die Schiffe, die die Seefahrt für alle Zeiten revolutionieren sollten, gebaut wurden. Jeden Tag ging er zum Meer hinunter, um die Arbeit zu beaufsichtigen, die schnell voranging. Er war stolz und glücklich, wenn er die riesigen Schiffe mit ihren hohen mächtigen Rümpfen betrachtete, die dem Aufprall der Wogen standhalten würden, ihren schweren Masten und Takelagen, die wie ein Wald blattloser Bäume aufragten und auf die Segel warteten, die an ihnen blühen würden.

Und endlich waren die Schiffe fertiggebaut, und eines Tages versammelten sich alle am Strand.

Salvador ging wieder weg. Er hatte eine wundervolle Zeit auf dieser Insel verbracht, von allen geliebt und verehrt. Alles war so schön und gut hier, das Essen, die Frauen, die Landschaft, daß er einen harten Stand hatte, seine Männer zu überreden, mit ihm weiterzuziehen.

Salvador ging wieder weg, und alle waren traurig, daß er sie verließ. Der Anführer umarmte ihn herzlich, und viele Menschen küßten ihm die Hand.

Salvador ging wieder weg, aber nicht, wie er gekommen war, nicht auf dem kleinen Boot, das kaum fähig war, der See zu trotzen. Er ging weg auf einer großartigen Galeone mit hohen Masten, an denen die Segel noch eingezogen waren, gefolgt von einer riesigen Eskorte anderer Galeonen, die nicht weniger groß und beeindruckend waren.

*

Er ging an Bord eines der Schiffe, schritt zum Vorderteil und stellte sich auf den Bugspriet. Von diesem Platz aus betrachtete er die Menschen, die sich an der Küste drängten. Sein schöner Körper zeichnete sich gegen den Himmel ab wie der eines mythischen Halbgotts, und dann sprach er: »Meine Freunde, die Stunde meines Abschieds ist gekommen. Ich muß in meiner Mission fortfahren, ein größeres und wahreres Königreich zu errichten, dem ihr bereits angehört. Ich habe euch eure eigentliche Flagge gebracht, und jetzt werde ich sie anderen Menschen bringen, die sie ebenso willkommen heißen und lieben werden wie ihr.«

Und auf ein Zeichen von ihm wurden alle Segel gehißt, und am Strand erhob sich ein einziger Aufschrei des Staunens, als der Wind sie füllte und die Galeonen majestätisch auf das Meer hinauszogen.

*

Eine lange Zeit über kreuzte Salvador auf dem Mittelmeer, immer wurde er an jeder Küste begeistert empfangen, immer mehr Menschen schlossen sich ihm an und Schiffe mit Segeln, den Bannern des Meeres. Und es waren gute Banner, denn sie bestärkten den Geist des Meeres, statt seine Entfaltung zu behindern. Und viele Jahre vergingen, und die Seefahrernation breitete sich in einem Umfang aus, von dem man sich nie hätte träumen lassen. Nicht nur andere Meere, sondern ganze Ozeane und Kontinente wurden entdeckt, und die siegreiche Flotte beherrschte inzwischen die ganze Welt. Sie war wirklich siegreich, denn wo sie vorbeizog, eroberte sie die Herzen der Seeleute im Sturm.

Und so geschah es, daß Salvador an einem glorreichen Sonntagnachmittag, viele Jahre nachdem er als hilfloser Säugling am Strand gefunden worden war, als großer Pionier, als allgemein anerkannter König der Meere an der Küste zwischen Valencia und Katalonien zu den Menschen zurückkehrte, bei denen er sich zu Hause fühlte.

Und der alte Mann der Siedlung, der von seinen Leuten umgeben am Strand stand, sagte, während er zum Horizont zeigte: »Seht das Banner des Meeres!«

Und die Leute sahen zwischen dem blauen Himmel und dem blauen Meer die immense Flotte, die den Horizont füllte; sie sahen, wie die Galeonen sich näherten, deren Segel der Wind wie goldene Wolken im Glanz der Nachmittagssonne blähte.

Und der alte Mann fuhr fort: »Die Mission ist erfüllt. Die Menschen werden eines Tages andere Hilfsmittel der Seefahrt erfinden, aber nichts wird je so schön sein. Segel werden für immer in den Herzen echter Seeleute leben, da sie die Flagge ihrer gemeinsamen Nation sind. Segel werden für immer den Horizont von Seefahrergeschichten schmücken, sie werden sich für immer auf den Wassern spiegeln, weil sie die wahren Banner des Meeres sind.«

Die Fehde

Pepe, ein sehr aufgeweckter junger Student, hatte seinen brillanten Verstand in letzter Zeit Erfindungen zugewandt. Er verbrachte die Sommerferien mit seiner Familie in den Bergen von Aragón.
Eines Tages stieg er in das Studierzimmer seines Onkels hinauf. Es war ihm gerade eine wunderbare Idee gekommen.

»Onkel«, rief Pepe und öffnete die Tür zum Studierzimmer, »ich habe eine neue Erfindung gemacht, über die ich gern mit dir sprechen würde.«

»Was ist es diesmal, mein Junge?«

»Folgendes: Mir ist gerade eingefallen, daß es doch wundervoll wäre, Brieftauben und Papageien zu kreuzen, denn die Abkömmlinge könnten die Botschaft sprechen, statt sie mit sich zu tragen. Damit wäre die Möglichkeit, daß die Tauben die Botschaft verlieren, gleich Null. Was hältst du davon?«

Der Onkel saß eine Weile nur da und dachte nach, dann sagte er: »Deine Erfindung ist absurd, Pepito. Sie ist nicht in die Praxis umzusetzen. Wenn du mir zuhörst, werde ich dir erklären, warum.« Und der Onkel stand auf und führte Pepe zu einem Fenster.

Das Studierzimmer lag im obersten Stock des Hauses, und man hatte einen weiten Blick auf das umliegende Land.

Der Onkel zeigte auf ein Schloß, das auf einem Berg zur Rechten lag.

»Kennst du dieses Schloß, Pepito?«

»Ja, es ist das Schloß des Grafen Don Nuño.«

Der Onkel zeigte auf ein anderes Schloß, das ebenfalls auf einem Berg lag, aber zur Linken.

»Kennst du dieses Schloß?«

»Ja, es ist das Schloß des Grafen Don Pero.«

»Sehr gut«, sagte der Onkel. »Ich werde dir die Geschichte dieser Schlösser oder, besser gesagt, die Geschichte der Menschen erzählen, die darin gelebt haben, und das wird dir beweisen, wie absurd und unpraktikabel deine Erfindung ist.«

*

In den Zeiten des Feudaladels waren die Besitzer dieser Schlösser natürlich miteinander verfehdet. Die Fehde hatte Jahre zuvor begonnen, und zwar folgendermaßen:

Der erste Graf Don Nuño und Graf Don Pero waren sich während der ganzen politischen Kämpfe jener Zeit eigentlich freundlich gesinnt. Sie waren mehr oder weniger Nachbarn und behandelten sich mit der Höflichkeit, die ein Feudalherr dem anderen schuldete. Sie waren übrigens beides Kerle, die furchteinflößend aussahen.

Don Nuño, der mit einem gesunden Appetit gesegnet war, mochte für sein Leben gern Kaninchenragout. Er war zudem ein Erfinder und hatte eine Falle konstruiert, die ihm mehr Kaninchen fing als alle anderen, die er je zuvor versucht hatte. Die Falle funktionierte folgendermaßen:

Über einen relativ großen Stein legte er ein Taschentuch; auf diesem Taschentuch verstreute er eine großzügige Portion Schnupftabak. Wenn das Kaninchen dann vorbeikam, wurde seine Aufmerksamkeit auf das seltsame Bündel gelenkt, das da lag. Seine natürliche Neugier – diese Tiere sind so – verleitete es dazu, sich so weit zu nähern, daß ihm der Schnupftabak in die Nase stieg. Das führte dazu, daß es niesen mußte, und die Folge war, daß es mit der Nase auf dem Stein aufschlug, und zwar mit solcher Kraft, daß es tot umfiel. Don Nuño benutzte immer ein Taschentuch, das mit seinen Initialen bestickt war, denn er wollte seine Beute identifizieren, falls irgendein anderer Jäger sie ihm streitig machte.

Eines Tages verließ Don Nuño sein Schloß in aller Herrgottsfrühe und stellte seine Falle im Wald zwischen den beiden Schlössern auf. Dann ging er wieder nach Hause, nahm sich vor, später zurückzukommen, und erwartete, zumindest zwölf Kaninchen um seine Falle herum zu finden.

Der erste aber, der an der Falle vorbeikam, war kein Kaninchen, sondern Don Pero, der unter Hühneraugen litt und dem man als wirksamstes Mittel lange Spaziergänge verschrieben hatte.

Don Pero bemerkte den Stein nicht und stolperte kräftig dagegen. Das verursachte ihm im Nu heftige Schmerzen, und er hüpfte auf einem Fuß herum und hielt sich eine gute Weile den anderen. Als der Schmerz nachließ, beugte er sich vor, um das Bündel näher zu betrachten. Er war neugierig und konnte es nicht lassen: Er beugte sich noch tiefer, und der Schnupftabak stieg ihm in die Nase und kitzelte ihn, und die Folge war, daß ein schrecklicher Nieser den Wald erschütterte und seine Nase mit großer Wucht auf den Stein schlug.

Don Pero fiel in Ohnmacht; nur seine herkulische Konstitution verhinderte, daß er auf der Stelle tot war. Don Nuños Falle funktionierte.

Als Don Pero nach einiger Zeit wieder zu sich kam, beschloß er, das Ding, das ihm so grausam mitgespielt hatte, zu untersuchen. Unter großen Vorsichtsmaßnahmen hob er das Taschentuch auf. Er erkannte braune Spuren, die er als Schnupftabak identifizierte, und dann schloß er aus den Initialen, daß das Taschentuch seinem Nachbarn gehörte.

Nun ergriff Don Pero die Wut. In jenen Tagen waren die Leute in ihren Reaktionen etwas stürmisch. Don Pero sann auf Rache, es dürstete ihn nach dem Blut Don Nuños. So war es nur logisch, daß er sich hinter einem Baum versteckte und der Dinge harrte, die da kommen sollten.

Don Nuño kam zurück. Als er sich der Falle näherte, pfiff er »La Paloma«. Er war guter Laune und freute sich schon auf ein üppiges Kaninchenragout am Abend.

Man kann sich sein Erstaunen vorstellen, als er sah, daß nicht nur keine Kaninchen vorhanden, sondern auch sein Taschentuch und der Schnupftabak verschwunden waren.

Er dachte schon, der Wind hätte alles weggeweht, als er plötzlich einen fürchterlichen Schlag zwischen die Ohren bekam. Er drehte sich um und sah Don Pero, der einen Ast schwang.

Don Nuño, der ebenfalls etwas heißblütig war,

wartete keine Erklärungen ab, hob den Stein des Anstoßes auf und warf ihn nach seinem Gegner. Er landete direkt auf der Nase seines Nachbarn. Es schien so, als ob dieser Stein und Don Peros Nase füreinander bestimmt seien.

Es entspann sich ein fürchterlicher Kampf, der dazu führte, daß die beiden Grafen, als sie in ihren jeweiligen Schlössern ankamen, kaum noch zu erkennen waren.

So begann also die Fehde, die im Lauf der Zeit von Generation zu Generation übertragen wurde, und jede tat das Ihrige dazu, daß der gegenseitige Haß nicht aufhörte. Und das einzige, was der junge Graf Don Pero und der junge Graf Don Nuño von da an im Kopf hatten, war, sich gegenseitig um die Ecke zu bringen.

In einer dunklen Nacht, kurz bevor die Feindschaften der diesjährigen Saison eröffnet werden sollten, verließ der junge Don Nuño lautlos seine Gemächer. Er ging zu den Ställen hinunter und suchte sich dort das schnellste Pferd.

Er hatte sich einen Plan zurechtgelegt. Er wollte eine alte Zauberin aufsuchen, die seine Familie seit langer Zeit kannte. Mit halsbrecherischer Geschwindigkeit ritt er durch die Nacht und kam endlich bei der Hütte an, in der die alte Hexe lebte.

Er traf sie an, wie sie Sardinen aß – eine Speise, die alle Hexen sehr schätzen.

»Alter Junge!« rief die Hexe, als er eintrat. »Wie geht's denn so im Schloß? Von eurer Familie habe ich keinen mehr gesehen seit jener Nacht, als der erste Graf Don Nuño mit einem blauen Auge bei mir ankam und mich bat, ihn in eine Maus zu verwandeln.

Er sagte nie, warum, und was noch schlimmer ist, er hat mich für meine Dienste nie bezahlt, da er unerwartet starb, weil er von einer Katze aufgefressen wurde. Setz dich, iß eine Sardine und erzähl mir, was dich zu mir führt.«

Der junge Don Nuño, der den gesegneten Appetit seines Vorfahren geerbt hatte und dem nach dem langen Ritt etwas flau im Magen war, setzte sich und sagte nicht nein, was die Sardine anbelangte. Er aß sie, und ohne um Erlaubnis zu fragen, nahm er sich eine weitere, ein Verhalten, das bei jedem anderen als bei einem Grafen höchst tadelnswert wäre und das die Hexe dazu veranlaßte, ihn verärgert anzuschauen.

Der Graf begann: »Du kennst sicher die lange Fehde zwischen meiner Familie und der meines Nachbarn Graf Don Pero, die dieses Land seit Jahrhunderten beunruhigt.«

»Ich kenne sie«, warf die Hexe ein.

Don Nuño machte sich diese Unterbrechung zunutze und nahm sich eine weitere Sardine.

Die Hexe blickte ihn finster an.

Don Nuño fuhr fort: »Wir stehen kurz vor der Eröffnung der Feindlichkeiten dieser Saison, und ich möchte, daß du mir hilfst.«

»Wie kann ich dir helfen, mein Junge?« fragte die Zauberin und schob den Teller mit Sardinen außer Reichweite des Grafen.

»Ich stelle mir folgendes vor«, sagte der Graf. »Ich möchte, daß du mir die Macht verleihst, mich in irgendeinen Vogel zu verwandeln, sobald ich es will, damit ich Don Peros Schloß unbemerkt betreten und Informationen sammeln kann, die mir bei einem Angriff helfen. Hast du eine Idee, welcher Vogel da in Frage käme?«

Die Hexe schloß die Augen, um sich besser konzentrieren und nachdenken zu können. Don Nuño nutzte die Gelegenheit und langte über den Tisch. Dieses Mal nahm er sich zwei Sardinen und verschlang sie mit erstaunlicher Geschwindigkeit. Wirklich, dieses Benehmen überschritt selbst bei einem Grafen alle Grenzen der Höflichkeit.

Die Zauberin öffnete die Augen und sagte: »Wie wär's mit einer Taube? In dieser Gestalt könntest du das Schloß deines Feindes unbemerkt aufsuchen und ebenso unbemerkt entkommen.«

»Hervorragend!« rief Don Nuño mit vollem Mund. »Ich liebe Tauben.«

»Nun«, sagte die Hexe, griff in eine Schublade und zog ein Stück Pergament heraus, »hier ist ein Vers, der dich in eine Taube verwandelt, wann immer du ihn hersagst. Wenn du wieder deine eigene Gestalt annehmen willst, mußt du nur ›Caramba‹ rufen.«

Der Graf griff eifrig nach dem Pergament, aber die Hexe fiel ihm in den Arm.

»Augenblick mal, du schuldest mir drei Escudos.«

Don Nuño sah die Hexe mit sehr traurigen Augen an. Er war knapp bei Kasse. Außerdem machte sich ein sehr unangenehmes Gefühl in seinem Magen breit.

»Ich bin zur Zeit nicht flüssig. Stundest du mir das Geld für einen Monat? Bis dahin treibe ich es ein und bezahle dich.« Er hatte es inzwischen eilig wegzukommen, seine Magenschmerzen wurden ziemlich unerträglich.

»Ich habe deinem Vorfahren, dem ersten Grafen

Don Nuño, schon einmal vertraut, das war vor dreihundert Jahren, und bis jetzt habe ich kein Geld gesehen. Ich fürchte, du mußt diesen Schuldschein unterzeichnen, schließlich muß ich auch an mich denken. Die Hexengeschäfte gehen in letzter Zeit nicht so gut.«

Don Nuño unterschrieb mit schmerzverzerrtem Gesicht, so schnell es ging, und stürzte mit dem kostbaren Pergament nach draußen. Die Sardinen waren ihm nicht bekommen.

Kaum fünf Minuten vergingen, als es wieder an der Tür der Zauberin klopfte.

»Komm rein!« rief sie.

Don Pero trat ein und setzte sich ohne viele Umstände an den Tisch.

»Wie geht's?« rief die Hexe. »Ich habe von eurer Familie keinen mehr gesehen seit der Nacht, als dein Vorfahre, der erste Graf Don Pero, mit einer gebrochenen Nase bei mir ankam und mich bat, ihn in eine Katze zu verwandeln. Er sagte nie, warum, und er hat mich nie für meine Dienste bezahlt, da er an einer vergifteten Maus starb.« (Das zeigt wohl deutlich, zu welchen Extremen sich die Leute in den Tagen des Feudaladels hinreißen ließen.) »Setz dich und erzähl mir, was dich zu mir führt«, beendete die Hexe ihre Begrüßung, stellte die Sardinen in ein Schubfach und drehte den Schlüssel um.

Don Pero begann: »Du kennst sicher . . .«

»Ja, die lange Fehde zwischen deiner Familie und der deines Nachbarn Graf Don Nuño, die das Land seit Jahrhunderten beunruhigt«, fuhr die Hexe fort, denn sie besaß ein ausgezeichnetes Gedächtnis.

»Ich freue mich, daß du die Situation so gut erfaßt«, rief der Graf, erstaunt über ihr Einfühlungsvermögen, »ich bin gekommen, deine Dienste in Anspruch zu nehmen.«

»Was kann ich für dich tun?« fragte die Zauberin, die voller Vergnügen sah, daß sich die Geschäfte belebten.

»Ich möchte, daß du mir die Macht verleihst, mich in irgendeinen Vogel zu verwandeln, was mir gestatten würde, ins Schloß meines Feindes einzudringen und eine bessere Angriffsstrategie zu entwerfen. Welcher Vogel wäre deiner Meinung nach geeignet?«

»Wie wär's mit einem Papagei?«

»Ausgezeichnet!« rief der Graf. »Papageien hab' ich schon immer gemocht.«

Die Hexe langte nach der Schublade und zog ein weiteres Stück Pergament hervor.

»Dieses Pergament enthält einen Vers. Jedesmal, wenn du dich in einen Papagei verwandeln willst, mußt du ihn nur lesen.«

»Und wie verwandle ich mich wieder zurück?«

»Du rufst ›Caramba‹.«

Der Graf nahm das Pergament und stand auf, um zu gehen.

»Und was ist mit meiner Bezahlung?« fragte die Hexe.

»Welcher Bezahlung?«

»Ich bekomme drei Escudos für meine Dienste.«

Der Graf zögerte.

»Ich habe mein Geld vergessen, aber ich verspreche dir, dich in einem Monat zu bezahlen, früher nicht, denn ich werde vermutlich mit den Vorbereitungen für den anstehenden Feldzug sehr beschäftigt sein.«

»Dann unterschreib diesen Schuldschein. Ich habe deinem Vorfahren, dem ersten Grafen Don Pero, einmal getraut, und du weißt, was daraus geworden ist. Es ist nicht so, daß ich je daran gezweifelt hätte, daß er mich bezahlen wollte, aber ich möchte diese Sicherheit für den Fall, daß du getötet wirst, während du gerade ein Papagei bist – was wir nicht hoffen wollen –, aber dann könnte ich einen Teil deines Besitzes konfiszieren.«

Don Pero unterschrieb und entfernte sich mit dem Pergament.

In dieser Nacht beschloß Don Nuño, den Zauberspruch, den ihm die Hexe gegeben hatte, auszuprobieren. Er sperrte sich in seinem Zimmer ein, und nachdem er eine tüchtige Portion bittere Medizin geschluckt hatte, da ihn sein Magen immer noch plagte, zog er das Pergament aus der Tasche und las es.

Kaum hatte er es gelesen, spürte er, daß er in eine Taube verwandelt war.

»Caramba!« rief er, begeistert von dem Resultat.

Und sofort wurde er wieder zu Don Nuño.

Er war außer sich vor Begeisterung und beschloß, von seiner neu erworbenen Fähigkeit unverzüglich Gebrauch zu machen.

Er verwandelte sich in eine Taube, indem er den Vers noch einmal las, und flog in Richtung von Don Peros Schloß.

Don Pero hatte eine Schwester, die Camila hieß und von deren Existenz außerhalb des Schlosses keine Menschenseele wußte. Sie verließ das Gelände nie und hielt sich die meiste Zeit in ihrem Zimmer auf. In jenen Tagen und aus Gründen, die etwas mühsam zu erklären wären, hielten Männer vom Kaliber Don Peros die Frauen ihres Hauses hinter Schloß und Riegel.

Don Nuño kam in dieser Nacht im Schloß seines Feindes an, mischte sich unter die anderen Tauben und blieb unbemerkt. Nach einer Weile beschloß er, das Gelände zu inspizieren, und flog einige Male über das Schloß. Bei einem seiner Rundflüge kam er in der Nähe von Camilas Fenster vorbei, das offenstand, landete auf dem Fenstersims und schaute hinein.

Camila war gerade dabei, schlafen zu gehen, als sie den schönen Täuberich bemerkte. Sie trat ans Fenster und begann, ihn zu streicheln. Dann nahm sie ihn mit in ihr Zimmer, setzte sich aufs Bett und überschüttete ihn mit Zärtlichkeiten und schönen Worten.

»Was für ein süßer kleiner Täuberich! Was will mein kluger kleiner Täuberich? Hat der kleine Vogel Hunger?« (Diese Bemerkung schien Don Nuño eine äußerst unhöfliche Anspielung auf seinen Appetit zu sein.) »Hat sich die arme kleine Taube verflogen?«

Camila war eine hübsche Frau, und Don Nuño, der gar nicht gewußt hatte, daß es sie gab, war höchst angenehm überrascht, von einem so schönen Fräulein so liebenswürdig empfangen zu werden. Er genoß die Zärtlichkeiten so sehr, daß er sich vergaß.

»Caramba!« rief er entzückt.

Camila stieß einen schrecklichen Schrei aus. Vor ihr stand Don Nuño, ein vollkommen fremder Mann, der plötzlich einer Taube entsprungen war. Sie fiel ohnmächtig auf ihr Bett.

Der Graf bemerkte seinen Fehler zu spät. Er wußte nicht, was er tun sollte. Der Schrei war laut genug, um meilenweit gehört zu werden. Dann erinnerte er sich an sein Pergament, zog es hastig aus seiner Tasche und fing an zu lesen.

Aber der Vers war zu lang, er hatte an die fünfzig Zeilen, und während er las, konnte er die Schritte und Stimmen von Leuten hören, die zum Zimmer heraufkamen. Bevor er fertig war, wurde die Tür geöffnet, und Don Pero stand vor ihm, gefolgt von einigen seiner Soldaten. Don Nuño hatte nur noch Zeit, das Pergament in seiner Tasche zu verstauen.

Nachdem sich Don Pero von seinem ersten Erstaunen über die Anwesenheit des Feindes im Zimmer seiner Schwester erholt hatte, schrie er: »So tief bist du also gefallen, daß du in das Zimmer einer unberührten und wehrlosen Frau eindringst und sie belästigst, nicht genug damit, daß du dich in mein Schloß einschleichst und überall herumschnüffelst, du Schmutzfink!«

»Wieso denn *Fink* ...« fing Don Nuño beleidigt an, konnte seinen Satz aber nicht zu Ende führen, da zwei Soldaten ihn bereits überwältigt hatten und er eine Wendeltreppe hinauf in eine Zelle des Turms geschleppt wurde.

Sobald er in der Zelle allein und die Tür hinter ihm verriegelt war, machte sich Don Nuño keine Sorgen mehr. Er nahm sein Pergament aus der Tasche und las in Ruhe den Text. Als er damit fertig war, flog er als Taube aus dem vergitterten Fenster.

In der Zwischenzeit hatte Don Pero seine Schwester mit einem Eimer kalten Wassers, den er ihr ins Gesicht schüttete, wieder zur Besinnung gebracht und tröstete sie mit sanften Worten. Als sie sich erholt hatte, sagte er ihr, daß er noch etwas Wichtiges erledigen müsse und deshalb nicht mehr länger bei ihr bleiben könne.

Das Wichtige, was er zu erledigen hatte, war, ein wenig Schlaf zu bekommen, denn nach dieser anstrengenden Nacht war er entsetzlich müde. Also ging er ins Bett und schlief den Rest der Nacht.

Früh am nächsten Morgen stand er auf und stieg zur Zelle hoch, in der sein Gefangener saß. Er blickte durch eine kleine Öffnung in der Tür und sah Don Nuño, der ziemlich vergnügt wirkte.

Don Nuño war, nachdem er sein eigenes Schloß aufgesucht hatte, natürlich vor Tagesanbruch wieder zurückgeflogen, um keinen Verdacht zu erregen.

Don Pero fuhr ihn so grob an, wie es damals unter verfehdeten Adligen üblich war: »Hab' ich dich endlich, du Hund!«

»Ich zahl's dir heim, du Schwein!« schrie Don Nuño zurück, was ja auch nicht höflicher war.

Don Pero lachte laut und ging in sein Zimmer zurück. Dort nahm er das Pergament, das ihm die Hexe gegeben hatte, und las es sorgfältig. Als er damit fertig war, blickte er in den Spiegel und sah, daß er in einen Papageien verwandelt worden war. Ohne Zeit zu verlieren, flog er zum Fenster hinaus in Richtung Don Nuños Schloß.

Er blieb unbemerkt, da es dort viele Papageien gab, und fing an, das Gebäude zu inspizieren. Er sah sich überall um, prüfte alle Tore und flog dann zu seinem eigenen Schloß zurück.

Das machten die beiden ungefähr einen Monat lang so: Don Nuño trug seinen Leuten Informationen zu; Don Pero flog hin und her und plante seinen Angriff.

Schließlich flog Don Nuño eines Nachts in der Absicht zu seinem Schloß zurück, am nächsten Tag einen überraschenden Angriff zu starten.

Den darauffolgenden Morgen flog Don Pero zu Don Nuños Schloß, um die letzten Details, die er noch für seinen Angriff brauchte, auszukundschaften.

Er drang wie üblich ins Schloß ein und landete inmitten des großen Schloßhofs, wo Don Nuños Soldaten ihre Hellebarden polierten und würfelten.

Er stakste eine Weile zwischen ihnen herum und hörte dann, wie einer sagte: »Sieh mal den komischen Papagei!«

Don Pero sah hoch und entdeckte Don Nuño, der ihm gerade den Rücken zudrehte und einigen Soldaten beim Spiel zusah.

Don Pero war entgeistert. Er dachte, daß Don Nuño in seiner Zelle sitze und verhungre. Seine Verblüffung war so groß, daß er vergaß, daß er ein Papagei war.

»Caramba! Wie bist du rausgekommen?«

Aber er hatte seinen Satz noch nicht beendet, als er wieder Don Pero war. Seinen Irrtum zu bereuen war zu spät.

Don Nuño drehte sich um und war über das plötzliche Auftauchen seines Feindes, das er sich nicht erklären konnte, entsetzt, fing sich aber sofort wieder, ließ Don Pero festnehmen und in eine Zelle sperren.

Als Don Pero wieder allein war, erkannte er, daß er keine Zeit zu verlieren hatte, da sein Feind auf freiem Fuß war, zog das Pergament heraus und flog, nachdem er es gelesen hatte, aus dem Fenster zu seinem Schloß.

»Caramba!« sagte er, als er ankam, und war wieder, zum großen Erstaunen seiner Leute, die ihn zu fragen begannen, wie er das schaffe, der Graf Don Pero.

»Keine Zeit für Fragen«, rief er seinen Soldaten zu, »bewaffnet euch, wir greifen Don Nuños Schloß an.«

Und so geschah es, daß Don Pero, nachdem er schwungvoll die Schloßtore hatte öffnen lassen, an der Spitze seiner Soldaten gegen seinen Feind marschierte.

Gleichzeitig führte auch Don Nuño seine Soldaten gegen Don Pero.

In der Mitte des Weges, genau zwischen den beiden Schlössern, trafen sie aufeinander, und ein fürchterlicher Kampf begann.

Sie kämpften den ganzen Tag, und als die Sonne unterging, lebte kein einziger Soldat mehr, und nur noch die beiden Grafen waren übriggeblieben, die zum Endkampf antraten.

In diesem Augenblick lenkte ein unerwartetes Geschrei ihre Aufmerksamkeit auf sich. Sie wandten beide den Kopf und sahen die Hexe auf sich zukommen, so schnell ihre Beine sie trugen, zwei Papiere in der Hand.

»Wartet, Jungs, wartet!« schrie sie. »Steckt eure Schwerter wieder ein – ihr dürft nicht sterben, bevor ihr mich bezahlt habt. Eure Schuldscheine laufen heute ab.«

Beiden Grafen war das sehr peinlich: Ihre Schulden hatten sie völlig vergessen, und einen Moment lang waren sie sprachlos.

Schließlich fingen beide gleichzeitig an: »Ich habe gerade kein Geld, aber wenn du wartest ...«

Die Hexe schnitt ihnen das Wort ab: Sie war bleich vor Wut.

»Ihr habt also kein Geld, ihr Betrüger. Was glaubt ihr, wie euch das leid tun wird, denn ich verwandle euch hiermit zur Strafe für den Rest eures Lebens in eine Taube und einen Papageien.«

Und die Zauberin machte ein Zeichen, und Don Pero bemerkte, daß er wieder ein Papagei, und Don Nuño entdeckte, daß er erneut eine Taube war.

Die Nachfahren Don Nuños, der so viele Informationen hin und her getragen hatte, sind die Brieftauben, und die Nachfahren Don Peros, der wie ein Papagei geredet hatte, sind die heutigen Papageien, die alles nachplappern, was sie hören.

*

»Nun«, schloß der Onkel, »das soll dir zeigen, wie absurd und unpraktisch es sein würde, Brieftauben und Papageien zu kreuzen. Die Fehde hat sich in beiden Familien vererbt, und sie würden niemals miteinander auskommen.«

Pepe mußte zugeben, daß sein Onkel recht hatte, und ließ von seiner Erfindung ab. Sein Onkel sagte noch: »Pepito, das wird dich auch lehren, daß man nicht versuchen sollte, alle Arten von Erfindungen zu machen, denn wie diese Geschichte zeigt, gibt es welche, die nichts als Unheil bringen.«

Die Legende von den Bienen

Es gibt zwei Invasionen, die in der spanischen Geschichte nicht verzeichnet sind. Ich beziehe mich hier auf zwei Völker, die vor langer Zeit an den beiden entgegengesetzten Küsten der spanischen Halbinsel landeten und die zwei Ideale einer hochentwickelten Kultur verkörperten. Woher diese Völker kamen, ist nicht bekannt; ihr Ursprung ist noch nicht endgültig geklärt.

Das eine Volk ging im Norden an der Atlantikküste an Land und besetzte den gesamten nördlichen Teil der Halbinsel. Sein Ideal war körperliche Leistung und materieller Fortschritt. Sobald es in Spanien angekommen war, begann dieses Volk, das Land unter dem strengen Regiment seines Herrschers auf Vordermann zu bringen. Mit unerbittlicher Disziplin mühte es sich von morgens bis abends. Alle arbeiteten unaufhörlich. Felder wurden bebaut, hervorragende Straßen angelegt und höchst zweckmäßige Gebäude errichtet. Man verschwendete weder Zeit noch Raum. Alle Häuser glichen sich wie ein Ei dem anderen und waren so konstruiert, daß größtmögliche Raumnutzung mit geringstem Materialaufwand erreicht wurde. Schmuckelemente, überhaupt irgend etwas Überflüssiges gab es nicht. Alles wurde wissenschaftlich angegangen, und alles, was man tat, entstammte einer materiellen Notwendigkeit.

Dieses tugendhafte und fleißige Volk arbeitete perfekt zusammen; ein jeder half dem anderen; keiner in dieser gut organisierten Gesellschaft dachte an sich, sondern opferte sein ganzes Leben dem Gemeinwohl.

Und doch, so erfolgreich dieses Volk auch schien, in der Seele jedes einzelnen hatte sich tiefes Unglück eingenistet. Es fehlte etwas. Ihre Tage waren nur von Plackerei ausgefüllt, und danach schliefen sie, um Kraft für den kommenden Tag und seine Arbeitslast zu sammeln. Und es gab Nächte, in denen sie nicht einmal schliefen, sondern wach lagen und nach dem Sinn ihres Lebens fragten. Sie kannten keine Vergnügungen, keinen Trost, keine Erholung, sie kannten nur Arbeit, Arbeit, Arbeit. Was war ihr Ziel? Wofür arbeiteten sie? Wozu dieser ganze Fortschritt, wenn sie keine Zeit hatten, die Früchte ihrer Arbeit zu genießen?

Und der große Herrscher des Landes sah, wie seine Untertanen mit dumpfen Gesichtern und ohne Begeisterung ihrer Arbeit nachgingen, und wußte nicht, was über sie gekommen war, und da er sein Volk liebte, war er ebenfalls unglücklich.

Das andere Volk, das ich erwähnt habe, kam nach Süden, zur Mittelmeerküste Spaniens, und ließ sich dort nieder. Bei diesen Leuten stand alles, was mit Freude, Kultur und geistigen Dingen zu tun hatte, in hohem Ansehen. Sie verehrten die Blüte als ein Symbol für das Beste, was die Natur hervorbringen konnte. In Spanien angelangt, vergaßen sie Fleiß und Pflicht und widmeten sich nur noch der Kunst und ihren Lustbarkeiten. Sie genossen alles, was dieses wunderbare Land zu bieten hatte, in vollen Zügen, taten aber nichts, um die vorgefundenen irdischen Güter zu kultivieren oder zumindest zu erhalten. Sie malten beeindruckende Bilder, schufen überwältigende Skulpturen und schrieben wunderschöne Gedichte, die von dem fröhlichen und sonnigen Land inspiriert waren. Sie lagen auf den Hügeln, auf den Feldern und an den Küsten, tranken die exzellenten spanischen Weine, sangen, vergnügten sich und vertieften sich in den Anblick der goldenen Früchte der Orangenhaine von Valencia, die sich gegen das blaue Mittelmeer abhoben, der tiefgrünen Schatten der andalusischen Olivenwälder und der vielfarbigen Blumen des herrlichen Landes, die in den blauen spanischen Himmel wuchsen.

Diese Menschen hatten kein Ziel und interessierten sich nur für ihr eigenes Vergnügen; sie halfen einander nicht, sie störten sich aber auch nicht; die Gemeinschaft stand ihren einzelnen Mitgliedern völlig teilnahmslos gegenüber, man könnte fast sagen, sie lebten in einem Zustand der Anarchie.

Ungeachtet des fröhlichen Lebens, das diese Menschen so offensichtlich führten, schlich sich Furcht in ihre Herzen, und oft, wenn sie auf den Hügeln, den Feldern und an den Küsten lagen, betrachteten sie nicht die Schönheit der Landschaft, sondern waren tief in die Betrachtung ihrer eigenen Seele versunken.

Sie lebten nur für die Schönheit des Lebens; sie vergeudeten ihre Zeit und verbrauchten den Teil des Glücks, der ihnen zugeteilt war, ohne sich um die Zukunft zu kümmern. Sie hatten nicht die entfernteste

Vorstellung davon, was Pflicht oder Arbeit war; sie kannten nur Vergnügen und Müßiggang. Sie verbrauchten, ohne etwas zu schaffen. Aber irgendwann war der gute alte Wein getrunken, und es gab nichts mehr als unausgegorenen neuen, da man sich nicht die Mühe gemacht hatte, im Lauf der Zeit einen entsprechenden Vorrat anzulegen. Die Früchte und Blumen, die man nicht angebaut und gepflegt hatte, verwilderten und wurden immer seltener, und was vielleicht noch schlimmer ist, dieses Volk hatte seine Vergnügungen in einem solchen Übermaß ausgelebt, daß ihnen nichts mehr Freude machte. Sie standen vor dem völligen Ruin. Und in dieser letzten Stunde sah es auch ganz so aus, als ob ihnen ihre künstlerischen Errungenschaften weder zu etwas zu essen noch zu einem Dach über dem Kopf verhelfen könnten.

Ihr Herrscher, der dieses ausschweifende Leben, diese wahnsinnige Gier nach Vergnügen und den Schönheiten des Lebens, diese tiefe Verachtung für alles, was lebensnotwendig und praktisch war, gefördert hatte, sah, daß sie gelangweilt und lebensmüde waren, sah, daß alles, was das Land an Gutem zu bieten hatte, zu Ende ging, und war sehr traurig, denn er liebte sein Volk.

Während die Dinge also nicht gerade zum besten standen, kam ein großer Prophet nach Spanien. Es gibt ein spanisches Sprichwort, das sagt, daß kein Prophet im eigenen Land etwas gilt; aber glücklicherweise kam dieser Prophet aus einem Land, das niemand kannte, und so hörten ihm alle zu, und allgemein wurde angenommen, daß er die Wahrheit spreche.

Nachdem er den Norden und den Süden bereist hatte und beide Herrscher ihn gebeten hatten, die Zukunft ihres Volkes zu deuten und ihnen einen Weg zu weisen, wie sie das verlorene Glück wiederfinden könnten, rief er beide Völker zusammen und sagte, daß er seine Antwort am folgenden Tag verkünden werde.

An diesem Tag begann der Frühling. Der Prophet stieg auf den Cerro de los Ángeles, der genau in der Mitte Spaniens liegt, und stellte sich auf den Gipfel. In Richtung Norden erblickte er die bewundernswerten und düsteren Gebäude der Nordländer, die wie verlassene Bienenkörbe vor den Wolken aufragten. In Richtung Süden sah er das schöne melancholische Land, in dem die Südländer lebten, erlesene Früchte und Blumen, die von Jahr zu Jahr weniger wurden und vergeblich blühten. Und unten sah er aus ganz Spanien Millionen von Menschen kommen, die zu ihm aufblickten und voller Hoffnung an seinen Lippen hingen, und ihm kamen diese Menschen wie eine Unzahl blinder Bienenvölker vor, die die Orientierung verloren hatten und nun darauf warteten, den Honig der Wahrheit aus der Blüte seiner Rede zu saugen. Da kam ihm eine Idee.

Der Prophet sprach mit mächtiger Stimme, die über die ganze Halbinsel drang: »Keiner von euch hat vollständig recht, und keiner von euch ist vollständig im Unrecht. Ihr Völker des Nordens und des Südens müßt euch vereinigen, ihr müßt miteinander leben, denn ihr könnt viel voneinander lernen.

Der Mensch lebt nicht nur zum Vergnügen, aber er lebt auch nicht nur, um zu arbeiten. Er muß arbeiten, wenn er sein Vergnügen haben will. Er muß sich über etwas freuen können, um wieder Kräfte zu sammeln fürs Arbeiten. Beides kann man Tag für Tag miteinander verbinden: Arbeit kann zum Vergnügen werden, Vergnügen zu etwas Schöpferischem.

Geistige und materielle Dinge sind gleich wichtig für den Menschen. Notwendigkeit und Schönheit müssen nicht getrennt, sie können zu etwas Gutem vereint werden, denn alles, was wirklich gut ist, ist beides, schön und notwendig.

Die Menschen wissen das seit undenklichen Zeiten, aber die praktische Anwendung dieser Weisheit erfordert einen inneren Reichtum, den nicht alle Menschen besitzen. Der Instinkt der Tiere löst das auf seine Art, die Intelligenz des Menschen ist nicht immer dazu fähig.

Eure Zivilisation hat euch zu weit in entgegengesetzte Richtungen auseinandergetrieben, und jetzt gibt es nur noch eine Lösung für euer Problem, aber Menschen könnt ihr dabei nicht bleiben. Ich kann euch in eine Art von Insekten verwandeln, die die guten Eigenschaften der beiden Völker in sich vereinen und sich bei der Arbeit mit den schönen Dingen des Lebens befassen.

Zukünftige Generationen werden die Weisheit dieser Insekten bewundern, die aus der Verschmelzung zweier großer Ideale entsteht. Aber ich habe nur ein einziges Mal die Macht, diese alles übersteigende Verwandlung durchzuführen. Zu Menschen kann ich euch nie mehr machen. Entscheidet euch also, und die, die verwandelt werden wollen, heben die Hand. Wer nicht verwandelt werden will, geht in sein Land zurück und bleibt für immer das, was er ist.«

Lange Zeit herrschte Stille, dann hoben die Hälfte der Leute aus dem Norden und die Hälfte der Leute aus dem Süden langsam die Hand. Von seinem Gipfel aus sah der Prophet in ganz Spanien Hände, die sich wie ein Appell in den Himmel reckten, die wie Pflanzen, vom plötzlichen Zauber des Frühlings erweckt, aus der Erde wuchsen.

Und dann machte der Prophet ein großes Zeichen, und das Wunder nahm seinen Lauf. Als er den Arm sinken ließ, dirigierte er wie ein göttlicher Kapellmeister das undurchdringliche und harmonische Gesumme einer unendlichen Menge von Bienenschwärmen.

Der Prophet sagte:

»Von diesem Tag an werdet ihr glücklich sein.

Von diesem Tag an werdet ihr arbeiten, aber es wird euch Vergnügen bereiten.

Von diesem Tag an werdet ihr sehen, daß das Notwendige im Schönen enthalten ist.

Von diesem Tag an wird euer Fleiß aus den Blüten erwachsen.

Und der Lohn eurer Arbeit wird das Süßeste sein, was die Welt zu bieten hat.«

Die Hexe von Amboto

In der Nähe von Guernica, einem Städtchen der baskischen Provinzen in Spanien, liegt ein Ort, der Amboto heißt. In den Winternächten erzählt man sich seltsame Geschichten über ihn: Geschichten, die vom appetitanregenden Brodeln des *moroquil* begleitet werden, der über dem Feuer hängt, während müde Bauern und neugierige Kinder um ihn herumsitzen.

Eine Geschichte ergibt sich aus der anderen, und man könnte sich vorstellen, wie dabei ganz allmählich eine Frau aus dem Kessel emporsteigt, in dem der Getreidebrei kocht. Es ist eine schöne Frau. Ihr schwarzes Haar ist in der Mitte gescheitelt. Sie trägt goldene Ohrringe, und das Unterteil ihres Kleides ist voll und rot.

*

Vor langer Zeit lebte in Amboto eine furchterregende Hexe. An jedem Samstagabend verließ sie Amboto Schlag zwölf und flog, in sieben rote Unterröcke gehüllt, über alle benachbarten Dörfer. Sie flog über das Schloß Arteaga, über Ajanguiz, Guernica und Luno, und über jedem Kornfeld ließ sie einen ihrer Unterröcke fallen, bis sie keinen mehr hatte und sich beeilen mußte, vor Sonnenaufgang wieder in Amboto zu sein.

Dieses ungebührliche Benehmen der Hexe hatte schreckliche Folgen. Jedes Kornfeld, auf das ein Unterrock fiel, wurde verwüstet, und jeden Sonntagmorgen fand man sieben verdorrte Felder. Sie erholten sich den ganzen Sommer über nicht mehr, eine allgemeine Ratlosigkeit breitete sich aus, und sieben Kirchen waren mit Leuten gefüllt, die beteten, daß sie von dieser fürchterlichen Hexe erlöst würden.

Das ging eine Zeitlang so, und vor lauter Angst wagte niemand, etwas dagegen zu tun, bis eines Sonntagmorgens ganz Guernica aufgescheucht wurde, und zwar nicht von den Kirchenglocken, sondern von einem *pregón*.

Diese öffentliche Verlautbarung gab allen bekannt, daß der Alkalde der Hexe von Amboto den Krieg erklärt hatte. Sie sollte getötet oder aus der Gegend vertrieben werden, denn ihre Unart, Kornfelder zu zerstören, hatte höchst unangenehme und unerträgliche Ausmaße angenommen.

Der *irrintzi*, ein Kriegsruf, den nur die Bewohner der baskischen Provinzen richtig ausstoßen können, erschütterte in den folgenden Wochen die Luft. Er scholl über die Felder und hallte von Hügel zu Hügel, von Berg zu Berg. Durchdringend und kräftig am Tage, düster und erschreckend während der Nacht, weckte und versammelte er in dieser Zeit die Bogenschützen, um die Bauern zu retten und die schreckliche Hexe von Amboto zu vernichten. Die große Jagd hatte begonnen.

Sieben Samstage lang versammelten sich die mutigen baskischen Schützen in den Bergen und Tälern um ihre Lagerfeuer, die seltsam in der Abenddämmerung leuchteten. Den *irrintzi* hörte man ohne Unterlaß, und von weitem sahen die Fackeln, die hin und her getragen wurden, wie Glühwürmchen aus, die in den Kornfeldern Verstecken spielten.

Aber kurz vor Mitternacht erloschen die Lagerfeuer, und die Kriegsrufe verstummten, die Fackeln verschwanden, und die Bogenschützen lauerten der Hexe auf, ihre gespitzten Ohren und ihre scharfen Augen durchdrangen die Stille und die Dunkelheit, ihre Bögen waren gespannt, und ihre scharfen Pfeile richteten sich auf die Schatten in Richtung Amboto.

Punkt zwölf schwirrten, wie unter dem Zauber einer großen Verschwörung, Hunderte von Pfeilen, die hell im Mondlicht glänzten, wie Raketen in den Himmel und sanken mit leuchtenden Spitzen wie ein Sternschnuppenregen wieder zur Erde.

An sieben aufeinanderfolgenden Sonntagen kehrten die Bogenschützen enttäuscht und zerknirscht mit sieben roten Unterröcken und mehr oder weniger plausiblen Erklärungen zurück. In der einen Nacht war die Hexe zu hoch geflogen, in der anderen war sie zu schnell geflogen, um ein gutes Ziel abzugeben, oder es war einfach zu dunkel gewesen, um sie zu sehen. Einige behaupteten, ihre Pfeile hätten das Ziel erreicht, aber der Erfolg blieb aus. Sieben Kornfelder wurden jede Samstagnacht verwüstet, und was noch schlimmer war, auch die Bogenschützen, die sich in ihnen versteckt hatten, verkümmerten und starben.

Die mutigen Schützen bekamen es schließlich mit der Angst zu tun, die Bauern verzweifelten, und die unglückliche Provinz versank in Trauer und Elend.

Endlich erließ der Alkalde eine weitere Verlautbarung und versprach dem, der die Provinz vom tödlichen Einfluß der Hexe befreie, die Hand seiner Tochter, die damals das schönste Mädchen in der Stadt war.

In Guernica lebte ein Junge namens Urruchu. Schon eine Zeitlang waren sich alle, er selbst eingeschlossen, darin einig, daß er der dümmste Junge in der Stadt sei. Er war stolz auf den Titel und hatte ihn erfolgreich verteidigt, als er gegen die Jungen der umliegenden Dörfer im Kampf um die Meisterschaft in grenzenloser Dummheit angetreten war.

An dem Tag, als verkündet wurde, daß die Hand der Alkaldentochter zur Belohnung ausstehe, befand sich Urruchu mit einer Gruppe von Leuten, die sich sehr über seine dummen Sprüche amüsierten, auf der *plaza*.

Als der Alkalde das Fenster öffnete, um alles noch einmal persönlich zu verkünden, sagte Urruchu, daß er die Tochter des Alkalden schon lange liebe und daß er die Hexe von Amboto erwischen und den begehrten Preis gewinnen werde.

Jedermann war an seine dummen Sprüche gewöhnt, aber dieser brachte alle so sehr zum Lachen, daß der Alkalde dachte, man mache sich über ihn lustig, und da er es nicht gewohnt war, daß man so laut über ihn lachte, wurde er wütend, schlug das Fenster zu und ging in sein Haus zurück.

Aber Urruchu bestand weiterhin darauf, daß er es ernst meine, und verließ den Platz unter allgemeinem Spott und Gelächter.

Als er um die Ecke bog, drehte er sich zum Haus des Alkalden um und bemerkte an einem efeuumrankten Fenster ein wunderschönes Mädchen, das ihm nachsah. Wäre sie nicht so weit weg gewesen, hätte er das dankbare Lächeln, das auf ihrem Gesicht zu liegen schien, nicht für eine Ausgeburt seiner Phantasie gehalten.

Eine ganze Zeit lief Urruchu tief in Gedanken versunken durch die Straßen. Er kam am Viertel von San Juan Ibarra vorbei, wo er wohnte, und fand sich schließlich auf der Straße nach Mujica wieder. In seinem ganzen Leben hatte er noch nie so lange an einem Stück gedacht. Er hätte es nie für möglich gehalten, daß er überhaupt denken konnte. Es war natürlich etwas geschehen, was nicht alle Tage passierte: Er hatte sich bis über beide Ohren in die Tochter des Alkalden verliebt, und er dachte darüber nach, wie er die Hexe von Amboto vernichten könne.

Die Straße, auf der er ging, war mit Pinien gesäumt und mit Apfelbäumen, auf denen seine Lieblingsäpfel wuchsen, die man in Spanien *anguises* nennt. Aber er dachte nicht an Äpfel, er bemerkte sie nicht einmal, ein Umstand, der ihn später in Erstaunen versetzte, denn er hatte sich oft gebrüstet, daß er diese Äpfel auf eine Meile Entfernung rieche. Es war schon so, er hatte sich in vielerlei Beziehung verändert, seit die Liebe und das Abenteuer in sein Leben getreten waren.

Er wurde durch das Bimmeln einer Kirchenglocke in die Gegenwart zurückgeholt, was beweist, daß sein Gehör von all dem, was geschehen war, nicht so mitgenommen war wie seine Fähigkeit, zu sehen oder zu riechen. Die Straße hatte ihn an einen verlassenen Ort geführt. Auf der einen Seite, fast versteckt hinter einigen Pinien, sah er ein Haus, das er nie zuvor bemerkt hatte. Es wurde bereits dunkel, und die Kirchenglocke schlug sieben.

Urruchu näherte sich vorsichtig dem Haus. Seine Neugier wurde von einem Licht geweckt, das aus einem der Fenster leuchtete. Er schlich sich an und blickte hinein.

In der Mitte eines leeren Raumes beugte sich eine alte Frau über einen Kessel, aus dem ein Licht strahlte, dessen Farbe Urruchu noch nie gesehen hatte. Die alte Frau streute etwas hinein, was wie Mehl aussah, und bei jeder Portion wurde das Licht heller, so daß schließlich der ganze Raum erleuchtet war. Sie sprach mit leiser dunkler Stimme.

Plötzlich erhob sich eine Gestalt aus dem Kessel und stellte sich dahinter. Es war eine schöne Frau, ihr Haar war schwarz, sie trug goldene Ohrringe und sieben rote Unterröcke.

»Ich bin die Hexe von Amboto«, rief sie. »Was willst du von mir?«

Die alte Frau antwortete: »Die Glocke hat eben sieben geschlagen. Es ist der siebte Tag der Woche, und nächsten Samstag sind es sieben Jahre, daß du dieses Land heimsuchst, Hexe von Amboto! Fast alle Kornfelder sind verdorrt, die Bauern sind verarmt, und die Kinder hungern. Hast du kein Mitleid mit deinem Volk? Wirst du niemals aufhören, wirst du dem Korn auf ihren Feldern und dem Glück in ihren Herzen nie wieder erlauben, zu blühen und zu gedeihen?«

Der Kessel stand zwischen den beiden Frauen und warf ein seltsames Leuchten auf ihre Gesichter. Urruchu war ganz Auge und Ohr.

Die Hexe von Amboto sagte traurig: »Vor sieben Jahren habe ich meine Seele dem Teufel verkauft, da ich wollte, daß mein Kornfeld das beste in der ganzen Provinz sei. Ich war ehrgeizig, und der Teufel hat mich betrogen. Am Tag nachdem ich meinen schrecklichen Pakt mit dem Bösen geschlossen hatte, fand ich mein Feld verdorrt vor. Es blühte nie mehr, und deshalb bin ich für nichts und wieder nichts dazu verdammt, für immer umherzuwandern, über die Kornfelder zu fliegen und sie verdorren zu lassen. Die Leute«, fuhr sie fort, »können nur unter einer Bedingung erlöst werden: Jemand muß aus einem Zweig der heiligen alten Eiche von Guernica, in deren Schatten die Könige des Landes ihren Schwur ablegen, einen Pfeil schnitzen. Dieser Pfeil und ein Bogen müssen gründlich mit sieben Kornähren eingerieben werden, die von den sieben Kornfeldern stammen, die Amboto am nächsten liegen. Dann muß dieser Glückliche in einer Samstagnacht auf mich warten, und wenn die Kirchturmuhr zwölf geschlagen hat, bis sieben zählen und den Bogen so weit spannen, daß der Pfeil sein Herz berührt. Wenn er bis sieben gezählt hat, muß er den Pfeil auf mich abschießen. Wenn mich aber bis zum Ende der sieben Jahre niemand mit einem solchen Pfeil und unter solchen Bedingungen getroffen hat, werde ich bis in alle Ewigkeit wandern müssen und die Kornfelder mit diesen sieben Unterröcken verwüsten.« Und die Hexe von Amboto beendete ihre Rede mit einem Lachen und drehte sich im Kreis, so daß ihre sieben Unterröcke drohend um sie aufflogen, wie eine große rote Blume, die sich öffnet.

»Aber das weiß doch keiner«, sagte die alte Frau. »Ich bin die einzige, und ich kann es den Leuten nicht erzählen, da sie mich sowieso für eine Hexe halten und mich auf der *plaza* verbrennen würden, ohne mir auch nur zuzuhören.«

»Schau«, beendete die Hexe von Amboto ihre Rede, »ich habe getan, was ich konnte, und es dir erzählt. Es gibt ja auch unter Hexen so etwas wie einen Ehrenkodex, man sollte einander trauen und sich auf dem laufenden halten. Mach jetzt das Feuer aus, ich muß nach Amboto zurück.«

Das Feuer erlosch, und Urruchu konnte nichts mehr sehen und nichts mehr hören. Er rannte so schnell wie möglich nach Guernica zurück.

Die folgende Woche war Urruchu mit seinen Vorbereitungen beschäftigt. Er ging seiner Wege, ohne mit irgend jemandem zu sprechen. Er pflückte sieben Kornähren von den sieben Feldern, die Amboto am nächsten lagen. Kein Mensch wußte, was er vorhatte, niemand hatte ihn je so ernst gesehen, aber alle wußten ja, daß er ein Dummkopf war, und man sprach nur im Spott zu ihm, wie es sich dummen Leuten gegenüber gehört.

Man sagte zum Beispiel: »Nun, Urruchu, hast du die Hexe von Amboto schon erwischt?«

Oder: »Also, Urruchu, wann findet deine Hochzeit mit der Tochter des Alkalden denn nun statt?«

Und alle lachten, aber Urruchu antwortete nicht und ging in aller Ruhe seinen Geschäften nach.

Die alte Eiche von Guernica wuchs auf einem Hügel und wurde die ganze Zeit über sorgfältig bewacht. Der Baum wurde von allen verehrt und als heilig betrachtet. Die Blätter, die er fallen ließ, sammelte und verkaufte man wie Reliquien. Urruchu stieß deshalb auf beträchtliche Schwierigkeiten, einen Zweig zu ergattern. Am Freitag dieser Woche ergab sich die Gelegenheit. Die Eiche wurde eine Zeitlang nur von einer einzigen Wache bewacht, und der Mann war eingeschlafen.

Urruchu wurde einen Moment lang von Skrupeln gepackt. Es war fast ein Sakrileg, von diesem Baum einen Zweig zu stehlen, aber der Zweck heiligte die Mittel. Fast meinte er, das schöne Gesicht eines Mädchens neige sich ihm aus dem Laub der Eiche entgegen.

Urruchu zögerte nicht länger. Schnell kletterte er auf den Baum, schnitt den geradesten Zweig ab, den er erwischte, und machte sich unbemerkt wieder auf den Heimweg.

Sobald er in seinem Zimmer war, schnitzte er einen Pfeil aus dem Zweig. Am einen Ende befestigte er eine scharfe Pfeilspitze, ins andere schnitt er eine Kerbe. Dann verschaffte er sich einen der Jagdbögen seines Vaters und rieb beides gründlich mit den sieben Kornähren ein.

Als er fertig war, versteckte er Pfeil und Bogen unter seinem Bett und ging fröhlich auf die *plaza*. Er war wieder der dumme Junge Urruchu, der alle mit seinen Sprüchen amüsierte. Als ob er scherze, sagte er, daß er morgen alleine ausziehen werde, die Hexe von Amboto zu erledigen.

»Damit schießt du wirklich den Vogel ab, du Dummkopf«, rief einer. »Die Hexe von Amboto im Alleingang zu erledigen, wenn die besten Schützen der

Provinz es nicht geschafft haben!« Und alle lachten, aber dann ließ sie der Gedanke an die schreckliche Hexe verstummen, und einer sagte düster: »Mach keine Scherze über so schlimme Dinge, Urruchu. Die Hexe von Amboto ist gefährlich und böse, und es kostet jeden das Leben, der in einer Samstagnacht in die Kornfelder geht.«

Der nächste Tag war ein Samstag. Um zehn Uhr nachts war die Stadt voller Unruhe, trotzdem herrschte Stille. Alle hatten die Hoffnung aufgegeben, die Hexe jemals loszuwerden, und alle befürchteten, zu den sieben Unglücklichen zu gehören, deren Kornfelder am nächsten Morgen zerstört sein würden.

Um elf Uhr zog Urruchu Pfeil und Bogen unter seinem Bett hervor und verließ lautlos das Haus. Er ging sicheren Schritts, er wußte, was er zu tun hatte. Als er am Haus des Alkalden vorbeikam, sah er das efeuumrankte Fenster. Es brannte kein Licht, und er stellte sich vor, daß das schöne Mädchen schlafe und von ihm träume, dem Helden, der ihr Vaterland rette. Das Herz klopfte ihm in der Brust, und er ging voller Hoffnung weiter. Bald ließ er die Stadt hinter sich und näherte sich Amboto.

Als er fast dort angelangt war, verließ er die Straße und bog in ein Kornfeld ein. Er bahnte sich seinen Weg bis zu einer Stelle, wo das Korn hoch genug stand, um ihn vollständig zu verdecken, und blieb dort, bis es Zeit war.

Der Mond schien sehr hell in dieser Nacht. Urruchu wartete voller Ungeduld, hielt sich an Pfeil und Bogen fest und versuchte umsonst, seine Unruhe zu dämpfen.

Endlich schlug eine Uhr die zwölfte Stunde.

Urruchu stand auf. Er begann bis sieben zu zählen und spannte den Bogen, bis der Pfeil sein Herz berührte, das beim Zählen im Takt mitschlug. Gegen den vom Mondlicht erhellten Himmel sah er eine Gestalt, die sich näherte, als schwebe sie in der Luft.

Er erkannte die Hexe von Amboto auf ihrer zerstörerischen Reise.

Sie hatte keine Zeit mehr, ihren ersten Unterrock fallen zu lassen. Urruchu war mit Zählen fertig, und der Pfeil schwirrte in der Luft.

Man hörte einen schrecklichen Schrei, den das Echo von jedem der umstehenden Berge widerhallen ließ, und als die Hexe über ihm vorbeirauschte, tropfte etwas Warmes auf die Erde, das er als Blut erkannte. Die Hexe von Amboto war nicht tot, aber sie war schwer verwundet, und sie hatte es eilig, blutüberströmt über die Kornfelder hinweg zu entkommen, flog über Guernica hinaus und verlor sich in der Nacht.

Am darauffolgenden Sonntag morgen hatte sich jeder Blutstropfen in eine Mohnblüte verwandelt, die aus dem goldenen Korn herausleuchtete, und alle Kornfelder, in denen der Mohn blühte, brachten das beste Korn in diesem Jahr und alle Jahre danach.

Man braucht kaum zu sagen, wie dankbar alle Urruchu waren. Er feierte seine Hochzeit mit der Tochter des Alkalden unter großem Pomp, der Titel eines Edlen von Amboto wurde ihm verliehen, und von diesem Tag an galt er nicht mehr als der dümmste, sondern als der klügste und mutigste Junge der Provinz.

Sein Wappen enthielt sieben rote Unterröcke, Pfeil und Bogen und eine Mohnblüte in einem Kornfeld.

Niemand weiß, was aus der Hexe von Amboto geworden ist. Sie verschwand und kehrte nie mehr zurück. Einige Leute glauben nicht ganz, daß es sie jemals gegeben hat, aber über eines sind sich die Bauern dieser Gegend einig: daß das Korn in den Feldern, in denen der Mohn blüht, immer das beste ist.

Der Gesang des Schwans

Zu der Zeit, in der Spanien noch in Königreiche aufgeteilt war, hatte der König von Kastilien einen Sohn. Dieser Prinz besaß eine ganze Reihe guter Eigenschaften: Er war schön, er war fleißig und lernbegierig und hatte sich dadurch die Liebe und Achtung seiner Untertanen erworben. Auch sein schneller Verstand und seine Behendigkeit trugen ihm Sympathien ein, denn bei Turnieren, Dichterwettbewerben und allen Arten von Wettkämpfen, bei denen es auf Kraft oder Verstand ankam, ging er immer als Sieger hervor.

Was ihn auszeichnete, war also zum einen, daß er schöner war als alle übrigen Prinzen seines Landes und schon so manches Frauenherz entflammt hatte, zum anderen aber seine große musikalische Begabung. Er liebte die Musik über alles und hatte Jahre darauf verwandt, sie zu studieren. Sein Wissen auf diesem Gebiet war in der Tat so profund, daß selbst die größten Gelehrten des Königreichs ihn um Rat fragten. Es kam hinzu, daß er eine göttliche Stimme besaß, die das Entzücken der Höflinge und aller anwesenden Gäste erregte, wenn er sich herabließ, auf Empfängen und anderen Veranstaltungen des Hofes vor einem hingerissenen Publikum eines seiner erlesenen Lieder vorzutragen.

Dieser Prinz hatte allerdings auch einen großen

Fehler: er war hochmütig. Er war so stolz auf seine Schönheit, seine musikalische Begabung und seine melodische Stimme, daß er dachte, niemand käme ihm gleich, und wenn es irgend jemand an Schönheit fehlen ließ, nichts von Musik verstand oder nicht angenehm sang, fiel er in Ungnade und wurde verbannt. Man nannte ihn deshalb »El Príncipe Vanidoso«, was auf deutsch »Der hochmütige Prinz« heißt.

Er war inzwischen im heiratsfähigen Alter, aber, so seltsam es klingt, er hatte an diesem Hof, an dem es so viele reizende Damen gab, bisher keine gefunden, die ihn interessierte. Seiner Meinung nach fehlte ihnen immer etwas: entweder waren sie nicht schön genug, oder sie vermochten Musik nicht mit Verstand zu hören, oder sie hatten eine Stimme, die ihm nicht zusagte.

Trotzdem bestanden die *cortes* darauf, daß er sich verheirate, und es folgten schmerzliche und aufreibende Tage der Suche für den König und den Hof. Da es nicht gelang, eine Prinzessin in Spanien zu finden, die ihm gefiel, mußte man im Ausland suchen, und so wurde in allen vier Himmelsrichtungen der Welt verkündet, daß der Prinz von Kastilien auf Brautschau sei und man alle Prinzessinnen der Welt an den spanischen Hof einlade. Daß der Prinz schön und begabt war, hatte sich bis in die fernsten Länder herumgesprochen, und so stieß die Einladung auf großes Interesse.

Die erste Prinzessin, die am Hof eintraf, war die Prinzessin des Nordens. Die Zimmer des Palastes, die man für sie bereitstellte, waren in Eis verpackt, das Tag und Nacht erneuert wurde, damit sie es gemütlich habe. Die Erwartungen waren groß. Der König und die Königin saßen auf dem Thron, und der Prinz saß ihnen mit seiner üblichen Lässigkeit zu Füßen, klimperte auf einer Laute, summte ein Lied und blickte ab und zu in einen Spiegel, den er neben sich liegen hatte.

Als die Prinzessin den Thronsaal betrat, waren alle von ihrer außerordentlichen Schönheit beeindruckt. Dann niesten sie mehrere Male. Unter einem geflügelten Helm floß ihr goldenes Haar bis zu den Knöcheln herab, und ihre blauen Augen ließen den tiefblauen spanischen Himmel verblassen.

Aber der Eindruck, den der Prinz auf sie machte, war noch größer. Sie fühlte eine Flamme in ihrem Herzen aufsteigen, die ihr mehr zusetzte als die Hitze, die sie erdulden mußte, seit sie ihre Heimat verlassen hatte, um in dieses sonnige Land zu kommen.

Aber sie hatte kaum einige Worte geäußert, als der Prinz die Laute beiseite warf und rief: »Prinzessin, Ihr seid sehr schön, aber heiraten kann ich Euch nicht. Ich könnte mit keinem Menschen zusammenleben, der eine solche Stimme hat.« Und er hielt sich die Ohren zu.

Es braucht wohl kaum gesagt zu werden, wie peinlich das für alle Anwesenden war. Die Königin nieste noch ein paar Male, da sie nicht wußte, was sie sonst tun sollte, und der König verließ seinen Thron und eilte der Prinzessin mit einem geeisten Getränk zur Seite, denn sie war drauf und dran, vor Empörung in Ohnmacht zu fallen. Aber sie schob das Getränk beiseite und sah den Prinzen streng an. Ihre Augen wurden zu Eis, und dann sagte sie: »Wir können lieben, aber wir können auch verachten.«

Und sofort machte sie sich auf den Rückweg in ihre Heimat.

Der König und die Königin waren empört und tadelten den Prinzen seines unhöflichen Benehmens wegen.

Aber der Prinz antwortete nur: »Ich habe das Recht, mir meine Frau selbst auszusuchen.«

Die zweite, die eintraf, war die Prinzessin des Südens. Sofort wurde den Dienern Befehl gegeben, Holz und Kohle ins Feuer zu werfen, denn sie kam nicht einfach nur aus dem Süden, sondern aus einem Königreich, das sehr weit südlich von Spanien lag, kurz hinter dem Äquator, und so war zu vermuten, daß sie schrecklich frieren würde.

Ihr Auftritt erstaunte alle über die Maßen. Sie war kohlschwarz, und das Haar stand ihr wie Draht in Korkenzieherlocken vom Kopf ab und war mit gebranntem Kalk rot gefärbt.

Allen war so heiß, daß nur die unerbittlich strikte Hofetikette es verhinderte, daß sie sich ihrer Kleider entledigten. Der Prinz allerdings ergriff die Gelegenheit, öffnete seinen Kragen und zeigte seinen schönen Hals.

Als ihn die Prinzessin sah, durchdrang sie eine Liebe, die stärker war als all die wilden Leidenschaften ihrer Heimat. Sie redete in einer fremden Sprache, aber ihre Stimme war so melodisch, daß es klang wie ein zauberhaftes Lied.

Doch der Prinz brachte sie mit einer Handbewegung zum Schweigen und sagte: »Ihr habt eine schöne Stimme, aber Ihr seid häßlich, und ich kann Euch nicht heiraten.« Und er bedeckte seine Augen.

Wieder waren alle peinlich berührt, aber dieses Mädchen aus dem Süden sah so wild aus, daß niemand es wagte, sich ihr zu nähern. Der König war schweißüberströmt, und die Königin erhob sich und murmelte eine Entschuldigung, aber die Prinzessin des Südens sah den Prinzen voller Zorn an, und dann sagte sie: »Wir können lieben, aber wir können auch hassen.« Und sie stürmte hinaus.

Der König und die Königin machten dem Prinzen bittere Vorwürfe.

»Du hast dich benommen, wie kein Gentleman es je tun würde, ganz zu schweigen von einem Prinzen.«

»Dann schweigt doch!« gab er zurück und fügte noch hinzu: »Ich habe das Recht, mir meine Frau selbst auszusuchen.«

Die dritte, die am Hof eintraf, war die Prinzessin des Ostens. Die seltensten Essenzen, die damals hergestellt werden konnten, wurden ihr zu Ehren entzündet. Die Luft im Palast war von so schweren Duftschwaden geschwängert, daß fast jedermann schlecht wurde, aber man tat das alles zu ihrem Wohlbefinden.

Als die Prinzessin in einer Sänfte von vier Sklaven in den Saal getragen wurde, waren alle von ihrem besonderen Zauber gefangengenommen. Ihr elfenbeinfarbenes Gesicht wurde von einer halbrunden Perücke umrahmt, aus der lange Nadeln wie die Strahlen der Sonne ragten. Sie war in einen wunderschönen Kimono gekleidet, der so viele Farben hatte, wie es sich nur die ausschweifendste Phantasie ausmalen kann.

Als sie den Prinzen sah, spürte sie, daß sie ihn mehr liebte als jedes Wesen, das sie je gesehen hatte, denn er war schöner als alle Prinzen in den alten Geschichten und Überlieferungen ihres geliebten Landes. Aber sie sagte kein Wort.

Der Prinz sprach sie an: »Prinzessin des Ostens, Ihr seid faszinierend. Würdet Ihr ein Lied für mich singen?«

Sie sang eines der Lieder ihrer Heimat, aber es klang wie keines, das der Prinz je zuvor gehört hatte, und so brachte er sie mit einer Geste zum Schweigen und sagte: »Die häßliche Musik Eures Landes interessiert mich nicht. Ich kann Euch nicht heiraten.« Und wandte ihr den Rücken zu.

Niemand erwartete inzwischen von dem Prinzen etwas anderes als eine mehr oder weniger unhöfliche Reaktion. Außerdem war allen von den Duftschwaden so schwindlig, daß kaum jemand mitbekam, was geschah. König und Königin ließen nur den Kopf hängen und bissen sich auf die Lippen.

Das Gesicht der Prinzessin des Ostens blieb unbewegt, nur ihre Mandelaugen verengten sich, und sie sagte: »Wir können lieben, aber wir können auch vergessen.« Und sie ging.

König und Königin waren nun wirklich verzweifelt.

»Unglückseliger Prinz«, seufzten sie, »du hast dich benommen, wie kein Gentleman es je tun würde, ganz zu schweigen von einem Prinzen. Welchen Eindruck werden all diese ausländischen Prinzessinnen von uns und unserem Hof mitnehmen, der bis jetzt den Ruf hatte, einer der galantesten zu sein?«

»Einen höchst zutreffenden«, sagte der Prinz spöttisch und fügte hinzu: »Ich habe das Recht, mir meine Frau selbst auszusuchen.«

Die vierte Prinzessin, die eintraf, war die Prinzessin des Westens. Der Thronsaal wurde mit bizarren Zeichnungen und Götzenbildern geschmückt, und eine Gruppe von Tänzern stand bereit, um ihr zu Ehren in höchst mangelhafter Choreographie einen Kriegstanz aufzuführen.

Als sie den Thronsaal betrat, reckten alle die Hälse, um sie besser zu sehen. Ihre Heimat war noch nicht entdeckt worden, und so wußte niemand, wie ihr Volk aussah.

Ihr glattes Haar fiel ihr über den Rücken und war so schwarz wie der Flügel einer Krähe. Sie trug Federn im Haar, und ihre Augen waren so durchdringend wie die eines Adlers.

Als sie den Prinzen sah, war die Liebe, die sie wie ein Blitzschlag traf, tödlicher als alle vergifteten Pfeile, die sie bei sich trug.

Der Prinz sagte: »Prinzessin des Westens, um ehrlich zu sein, Euer Aussehen gefällt mir nicht, aber vielleicht habt Ihr eine schöne Stimme. Würdet Ihr ein Lied für mich singen?«

»Ich kann nicht singen«, antwortete sie.

Zu diesem Zeitpunkt hatte der Prinz bereits die Geduld verloren.

»Warum, zum Teufel, habt Ihr Euch dann die Mühe gemacht, den ganzen Weg hierherzukommen? Ich will Euch nicht.«

Obwohl man von dem Prinzen bereits einiges gewohnt war, empörte dieses beleidigende Verhalten doch alle. Aber die Prinzessin schloß nur die Augen und sagte: »Wir können lieben, aber wir können auch vergeben.« Und verschwand.

König und Königin sanken auf ihren Thronsessel zurück und schüttelten den Kopf: »Du hochmütiges Wesen«, riefen sie wütend, »deine Eitelkeit wird dich noch ins Unglück stürzen. Du hast dich benommen, wie kein Gentleman es je tun würde, von einem Prinzen ganz zu schweigen, und du hast ein höchst unmenschliches und rücksichtsloses Verhalten an den Tag gelegt, das alle Gesetze der Gastfreundschaft und erst recht die Etikette verletzt. Du Gedankenloser, vom Hochmut Verblendeter! Welcher Prinz hat jemals eine Frau ihrer Schönheit oder ihres Talents wegen geheiratet? Wer hat je von einer Prinzessin die Qualitäten erwartet, die du verlangst? Eine Prinzessin ist eine Prinzessin, und das sollte auch dem anspruchsvollsten Prinzen genügen. Das Land ist voll von schönen Mädchen niedriger Herkunft, voll von armen Sängern und verhungernden Musikanten, aber Prinzessinnen sind rar. Erwartest du von einer Person königlicher Herkunft Qualitäten, wie sie das einfache Volk hat, nur weil du es dir in den Kopf gesetzt hast, Begabungen zu pflegen, die du als König sowieso wieder vernachlässigen mußt? Du gedankenloser Prinz! Die ganzen Vorbereitungen sind umsonst gewesen: das ganze Eis für nichts und wieder nichts geschmolzen, das ganze Holz für nichts und wieder nichts verbrannt, die ganzen Essenzen, von denen uns allen schlecht wurde, für nichts und wieder nichts, und nicht einmal die Tänzer hatten Gelegenheit, ihren Kriegstanz aufzuführen. Du hochmütige Kreatur! Hast du nichts anderes im Kopf als dich selbst?«

Aber der Prinz antwortete nur: »Ich habe das Recht, mir meine Frau selbst auszusuchen.«

Kaum hatte er das gesagt, hörte man Trompeten, die die unerwartete Ankunft einer weiteren Prinzessin ankündigten.

Alle waren äußerst neugierig. Wer konnte sie sein? Woher kam sie? Wie sah sie aus?

Sie wurden nicht lange auf die Folter gespannt, denn in diesem Augenblick betrat sie den Palast. Ihre Schönheit war so groß, daß sie den Thronsaal zum Strahlen brachte. Jedermann zwinkerte erst einmal mit den Augen, um sich an ihren Glanz zu gewöhnen, und selbst der Prinz mußte sich gegen den Thron lehnen, um ein gewisses Maß an Würde zu bewahren. Sie schien beim Gehen kaum den Boden zu berühren, und ihr Gefolge war das größte, das man je gesehen hatte. Ihr Gewand war so prächtig, daß bloße Worte es nicht beschreiben können.

Der Prinz trat auf sie zu und sagte: »Prinzessin, wer immer Ihr seid und woher Ihr auch kommt, Ihr seid das vollkommenste Wesen auf dieser Welt. Würdet Ihr ein Lied für mich singen?«

Und sie sang. Sie sang ein so schönes Lied mit einer so bezaubernden Stimme, daß alle in Verzückung gerieten, König und Königin sich die Hände rieben und den Handel für abgeschlossen hielten. Als sie zu Ende gesungen hatte, lag der Prinz vor ihr auf den Knien, schaute zu ihr auf und konnte nur noch flüstern: »Prinzessin, Ihr seid die schönste Frau, die ich je gesehen habe, und Ihr habt die schönste Stimme, die ich je gehört habe. Wollt Ihr meine Frau werden?«

Aber dann geschah etwas höchst Unerwartetes. Sie trat einen Schritt zurück und richtete einen anklagenden Finger auf den Prinzen: »Du hochmütigstes aller menschlichen Wesen, ich bin keine Prinzessin, ich bin eine Fee; die Fee, die über das Land der Bescheidenheit, über die Armen, die Häßlichen, die Unbegabten, die Mittelmäßigen und die Bescheidenen herrscht. Ich habe von deinem Hochmut gehört und bin in dieser Verkleidung gekommen, um dich zu bestrafen und dir eine Lektion zu erteilen, die du dein Leben lang nicht vergessen wirst. Du hast als Sohn versagt, denn all diese ausländischen Prinzessinnen werden in ihre Länder heimkehren und dein schlechtes Benehmen der mangelhaften Erziehung deiner Eltern anlasten. Du hast als Prinz versagt, denn du hast dem guten Ruf deines Hofs Schaden zugefügt. Deine Eitelkeit hat dich verblendet, und all deine guten Eigenschaften können diesen abscheulichen Fehler nicht ausgleichen. Zur Strafe verwandle ich dich in einen Schwan, der für immer sein verzerrtes Bild im Wasser sieht, und darüber hinaus verbiete ich dir bei Todesstrafe zu singen. Ich gehe jetzt und komme nie wieder – aber denk daran«, sagte sie, als sie mit ihrem Gefolge verschwand, »versuche nie wieder zu singen, denn in dem Augenblick, in dem du das tust, wirst du sterben.«

Alle waren von dem, was geschehen war, so überwältigt, daß sie eine lange Zeit völlig reglos verharrten, als sie dann aber wieder zu sich kamen, sahen sie auf der Mitte des Bodens einen schönen Schwan.

Der Schmerz des Königs und der Königin war grenzenlos, und sie waren untröstlich über das Unglück, das ihr Reich und ihren einzigen Sohn getroffen hatte. Der zukünftige König von Kastilien war ein Schwan und würde nie die Herrschaft übernehmen.

Aber ungeachtet all dessen mußten so schnell wie möglich Schritte unternommen werden, um dem Prinzen in seinem jetzigen Zustand das Leben erträglicher zu machen.

Er wurde zum schönsten Teich der königlichen Gärten getragen und dort ausgesetzt, um nach Herzenslust, oder, besser gesagt, nach Herzensleid, zu schwimmen. Man fütterte ihn mit den ausgesuchtesten Leckerbissen, die es für Schwäne gab, und baute am Rande des Teiches das hübscheste Häuschen, das man sich vorstellen kann, damit es ihm in der Nacht Schutz gewähre. Kurzum, man tat alles nur Menschenmögliche, und ein eigener Troß von Dienern wurde abgestellt, um ihn zu bewachen.

So verging die Zeit, und jeden Tag besuchten der König und die Königin den Teich, und ihre Tränen vermischten sich mit dem Wasser, auf dem der Schwan schwamm.

Jahre verstrichen, und jedes Frühjahr spürte der Prinz ein an Wahnsinn grenzendes überwältigendes Verlangen zu singen, aber immer erinnerte er sich an die Worte der Fee. »In dem Augenblick, in dem du singst, wirst du sterben.« Und er schwamm schweigend weiter.

Zu dieser Zeit lebte ein kleines Mädchen bei seiner Mutter, die verwitwet war. Das kleine Mädchen war gelähmt, aber die Mutter konnte sich keinen Arzt und keine Behandlung leisten; sie hatte nicht einmal genug Geld, ihrer Tochter richtig zu essen zu geben oder ein wenig Freude in ihr junges unglückliches Leben zu bringen.

Eines Tages fuhr die Mutter das kleine Mädchen

im Rollstuhl spazieren, und zufällig gerieten sie in die königlichen Gärten. Die Mutter war so in Gedanken versunken, daß sie nicht bemerkte, wie sie sich dem Teich näherten, wo der Schwan lebte.

An diesem Tag fand in den königlichen Gärten nahe beim Palast ein großer Empfang statt, und die Diener, die den Schwan hüteten, hatten sich etwas entfernt, um die Gäste zu sehen, und bemerkten die Eindringlinge nicht.

Als das kleine Mädchen den Schwan sah, lächelte es, und das war das erste Lächeln, das seit langer Zeit sein Gesicht erleuchtete.

»Sieh nur, Mutter«, sagte es, »was für ein schöner Schwan.«

Der Schwan hörte es und erlebte den ersten glücklichen Augenblick seit den Tagen, als er noch ein Prinz war.

Und die Mutter dachte: »Wenn ich die Macht hätte, würde ich alle Schwäne der Welt versammeln, um meiner armen Tochter eine Freude zu machen.«

Der Wind trug die Musik vom anderen Ende des Parks herüber.

»Hör nur, Mutter«, sagte das Mädchen, »was für schöne Musik.«

Auch das hörte der Schwan und erlebte den traurigsten Augenblick, seit er ein Schwan war.

Und die Mutter dachte: »Wenn ich die Macht hätte, würde ich die ganze Welt für meine arme Tochter singen lassen.«

Und zum ersten Mal erkannte der Schwan, daß es auf dieser Welt viele unglückliche Menschen gab, und sein Herz wurde schwer von Mitleid. Diesem kleinen gelähmten Mädchen ging es viel schlechter als ihm. Zumindest in den glorreichen Tagen seines Prinzendaseins hatte es viele glückliche Augenblicke gegeben, aber dieses Kind kannte von Anbeginn an nur Unglück und Elend. Und das kleine Mädchen tat ihm unendlich leid.

Wenn er nur etwas tun könnte, um es aufzuheitern, um den dunklen Schleier des Unglücks etwas zu lüften, und sei es auch nur für wenige Augenblicke. Ein Gedanke schoß ihm durch den Kopf, der ihn erschauern ließ, und auf der glatten Wasserfläche breitete sich sein Zittern in kreisartigen kleinen Wellen bis zum Rand des Teiches aus. Er sah, wie ihn das Mädchen mit einem tieftraurigen Blick wortlos ansah, und der Gedanke wurde stärker und verführerischer. Ja, er würde es für sie tun, er würde es für dieses kleine gelähmte Kind tun, das in seinem zarten Alter noch keinen Tag des Glücks gekannt hatte.

Von der Mitte des Teichs erhob sich eine göttliche Stimme, und das Lied schien direkt vom Himmel zu kommen. Das Kind war einen Augenblick lang überrascht, aber dann kehrte das Lächeln auf sein Gesicht zurück. Die Mutter schaute abwechselnd ihre Tochter und den Schwan an, und eine seltsame Freude erfüllte ihr Herz. Die Aufseher wandten sich mit bleichen Gesichtern um, am anderen Ende des Parks verstummte die Musik, und der ganze Hof kam langsam, wie im Traum, näher und stellte sich um den Teich herum auf.

Der Schwan sang – er sang, wie der Prinz in seinem ganzen Leben nicht gesungen hatte. Er spürte, wie jeder Ton sein Herz durchbohrte, er fühlte, daß er starb, aber das machte sein Lied nur schmerzlicher und berückender. Er kümmerte sich um nichts mehr, er machte das Kind glücklich, und auch er selbst war in diesem Augenblick glücklicher, als er es sein ganzes Leben lang gewesen war. Das Mädchen lachte vor Freude, seine blassen Wangen röteten sich, und dann geschah etwas, was man für ein Wunder halten könnte: es stand auf und lief, es ging zum Rande des Teiches, und als die letzten Töne des Liedes verwehten, stand es dort und streckte die Arme nach dem Schwan aus, der tot auf dem Wasser lag.

Die Trauerweide und die Zypresse

In einem vergessenen Garten Spaniens wuchsen neben anderen Bäumen eine Zypresse und eine Trauerweide. Die Zypresse stand auf einem Abhang und überragte alle Bäume in ihrer Nähe, sie stand aufrecht da, von allem entfernt, und ihr spitz zulaufender Wipfel zeigte in den Himmel. Ganz in der Nähe beugte sich die Trauerweide demütig über einen schattigen Teich und tauchte ihre tiefhängenden Zweige in das friedliche Wasser.

Lange Zeit über standen die beiden Bäume so, ohne miteinander zu sprechen. Der Zypressenbaum hatte die Gegenwart seiner Nachbarin nicht einmal bemerkt, da er sich noch nie dazu herabgelassen hatte, nach unten zu blicken.

Eines Tages jedoch wehte der Wind, der mit den Zweigen der Weide spielte, diese in so verführerischer Weise auf den Zypressenbaum zu, daß die Weide ihnen einige wenige schüchterne Worte mitgab, und die schwebten in Richtung Zypresse, deren Antwort von derselben sanften Brise zur Weide zurückgetragen wurde.

Und so fingen die beiden Bäume ein Gespräch an, in dessen Verlauf die Weide stets zum Teich hinunterblickte und die Zypresse immer in den Himmel hinauf.

Eines Tages sprachen sie auch darüber, wie und

warum sie hierhergekommen seien, und der Zypressenbaum begann seine Geschichte als erster und sagte: »Ich war einmal ein Mensch. Ich bin hier geboren und lebte eine ganze Weile hier in der Nähe. Als ich noch ein Kind war, hatte ich eine kleine Spielkameradin, ein Mädchen. Obwohl sie aus einer reichen Familie stammte und ich aus einer armen, war sie, ganz im Gegensatz zu dem, was man annehmen könnte, sehr bescheiden und ich sehr stolz. Gegensätzliche Charaktere scheinen sich aber anzuziehen, und so hatten wir uns sehr lieb. Während sie ihren Kopf gesenkt hielt und ihre Augen niederschlug, trug ich meinen Kopf hoch und schaute nach oben. Ich neckte sie oft ihrer Sanftmut und Bescheidenheit wegen und riet ihr, nach oben zu schauen, weg von den häßlichen Dingen dieser Erde. Wenn ich das aber tat, senkte sie den Kopf nur noch tiefer, und ein melancholisches Lächeln lag auf ihren Lippen.

Wir hatten uns lieb und suchten uns diesen Garten als Spielplatz aus. Hier habe ich mit ihr die glücklichsten Stunden meines Lebens verbracht.

Wir wuchsen zusammen auf, und unsere Liebe wurde von Tag zu Tag stärker. Als wir aber älter wurden, begann ihr Vater, sich unserem Zusammensein zu widersetzen. Wie gesagt, ich war arm und hatte mich bereits für die militärische Laufbahn entschieden. Deshalb war ich für Flerida, das war ihr Name, keine geeignete Partie.

Trotzdem trafen wir uns auch weiterhin. Bei Nacht kamen wir in diesen Garten, und unsere heimlichen Treffen waren sogar noch schöner als unsere Kinderspiele.

Dann brach der Krieg in Flandern aus, und viele Nächte lang saßen wir hier nahe beieinander und hielten uns schweigend umschlungen, da wir die kostbare Zeit nicht mit leeren Worten verschwenden wollten. Wir hielten uns fest, als ob wir den rasenden Schritt der Zeit anhalten könnten, als ob das Schicksal im Schatten der Bäume auf der Lauer liege und nur darauf warte, uns zu trennen.«

In diesem Augenblick hörte man etwas Unerklärliches, das wie ein Flüstern klang.

Die Zypresse sagte: »Der Himmel ist klar, und die Luft ist ruhig. Was höre ich da? Flüsterst du?«

Aber die Weide antwortete: »Der Herbst ist da, und sein kalter Windhauch raschelt in meinen Blättern.«

Und die Zypresse fuhr fort: »Endlich kam der schlimme Tag meiner Abreise. In dieser Nacht trafen wir uns zum letzten Mal im Garten. Sie war sehr blaß, und der Schmerz drückte sie nieder. Ich dagegen hatte mich noch nie so stark und mutig gefühlt; für sie hätte ich gegen alles gekämpft, jedes Hindernis, das sich zwischen uns stellte, wollte ich aus dem Weg räumen.

Sie versprach, auf mich zu warten. Ich versprach, ruhmbeladen zu ihr zurückzukehren. Eine lange Zeit über schwiegen wir. Sie hielt den Kopf gesenkt, ihre Augen waren auf das Gras gerichtet, sie war wie ein zartes Schilfrohr, das sich unter dem Wind des Unheils zu Boden beugt. Ich sah zu den Sternen empor und blickte dem Schicksal furchtlos ins Auge. Aber wir weinten beide, und ihre Tränen fielen auf den Boden, und meine fielen mir auf die Brust.«

Das unerklärliche Geräusch war wieder zu hören, es klang wie ein weit entferntes Schaudern.

Die Zypresse sagte: »Der Himmel ist klar, es gibt keine Wolken. Was höre ich da? Hast du geseufzt?«

Aber die Weide antwortete: »Der Herbst ist da und tastet sich wie eine kalte Hand die Bäume hinauf.«

Und die Zypresse fuhr fort: »Ich kämpfte eine lange Zeit in Flandern. Mein Arm ermüdete nie, die Hoffnung, zu meiner geliebten Flerida zurückzukehren, gab mir Kraft. Ich hörte nie etwas von ihr. Ich hörte auch kaum etwas von Spanien. Aber ich war mir sicher, daß sie und mein Land auf mich warteten und mich mit Liebe und Ruhm belohnen würden, und ich fuhr fort zu kämpfen, und mein Mut wurde sprichwörtlich.

So verging die Zeit, und ich kämpfte wie ein Verrückter, als ob ich so die Qual des langen Wartens verdrängen könne. Ich kämpfte, als ob ich den langsamen Schritt der Zeit beschleunigen, als ob ich der Entfernung Herr werden könne, die mich von meiner Geliebten trennte.

Endlich kehrte ich nach Spanien zurück. Als mein Regiment durch die Dörfer marschierte, wurde es mit den wohlriechendsten Blumen und den schmeichelhaftesten Worten überschüttet. Noch nie in meinem Leben war ich so stolz gewesen, noch nie hatte ich den Kopf so hoch getragen wie in diesen Tagen, als ich auf meinem weißen Pferd in meinem weiten roten Mantel und einer flammenden Feder, die von meinem *chambergo* herunterhing und sich auf meiner Schulter kräuselte, durch diese Dörfer und Städte ritt.

Noch nie hatte ich meinen Kopf so hoch getragen wie damals, als ich durch diese Straßen ritt, die Hufe meines Streitrosses Funken aus den Pflastersteinen schlugen und mein Rapier mir an der Seite hing.

Noch nie hatte ich meinen Kopf so hoch getragen wie damals, als ich unter diesen Fenstern vorbeiritt und mir das Lächeln der Frauen entgegenblühte, von denen keines so schön war wie das melancholische Lächeln meiner geliebten Flerida.

Noch nie hatte ich meinen Kopf so hoch getragen wie damals, als ich unter dem blauen Himmel Spaniens ritt und unter einer Wolke von Blumen und dem Ruf ›¡Viva el valiente capitán!‹ die Hand hob, um zu winken.«

Wieder hörte man einen schwachen Ton, es klang wie ein Geist, der sprechen wollte.

Die Zypresse sagte: »Der Himmel ist klar, und die Sonne scheint. Was höre ich da? Weinst du?«

Aber die Weide antwortete: »Der Herbst ist da und durchbohrt das Herz der Bäume wie ein eisiges Schwert.«

Und die Zypresse fuhr fort: »Als mein Regiment hier vorbeikam, verabschiedete ich mich von meinen Soldaten und eilte zu diesem Garten, in dem Flerida und ich verabredet hatten, uns bei meiner Rückkehr zu treffen. Ich wartete eine lange Zeit, ich wartete den ganzen Nachmittag, und schließlich wurde es Nacht und begann zu regnen, aber Flerida kam nicht. Die Nachricht von meiner Rückkehr mußte sie erreicht haben, und plötzlich ergriff mich die Furcht, daß etwas Schreckliches passiert sei, und ich ging durch den Sturm, der inzwischen ausgebrochen war, hindurch zu dem Schloß, in dem sie wohnte.

Als ich es erreichte, brannte kein Licht, es sah unheilvoll aus, und meine Befürchtungen verstärkten sich. Nachdem ich lange mit meinem Schwertknauf ans Tor geschlagen hatte, öffnete sich ein Fenster, und eine männliche Stimme fragte, wer da in einer so schrecklichen Nacht etwas von ihm wolle.

Ich antwortete, ich sei ein Freund der Familie, und er verschwand und erschien wieder mit einer Laterne am Fenster, und ich sah, daß er ein alter Diener des Hauses war. Er erkannte mich nicht, als er aber bemerkte, daß ich ein Soldat war, ließ seine Furcht nach, und kurze Zeit später kam er herunter und öffnete das Tor.

Als ich die Haupthalle betrat, rann mir ein Schauer über den Rücken. Alles schien schon seit langer Zeit leer zu stehen. Es herrschte große Stille, und die Schritte hallten eigenartig laut durch den Raum, als ob es weder Möbel noch Tapeten gäbe.

Der alte Diener stellte die Laterne ab, und dann verkündete er mir die schreckliche Wahrheit. Flerida war mit einem wohlhabenden und mächtigen Edelmann verheiratet worden, der im Süden des Landes große Besitzungen hatte, und sie und ihre Familie waren in seine Residenz nach Córdoba gezogen. Das Schloß stand leer, die besten Möbel und beweglichen Sachen hatte man mitgenommen und den Rest in der Obhut einiger treuer Diener gelassen.

Selbst im trüben Licht dieser Laterne muß ich so schrecklich ausgesehen haben, daß der Diener mich erstaunt ansah, und dann berührte er, glaube ich, meinen roten Mantel, als ob es Blut wäre, sagte, ich sei ja völlig durchnäßt, und fragte mich, ob ich krank sei. Er bot mir sogar etwas Wein an und wollte ein Feuer entfachen ...

Flerida hatte also ihr Versprechen nicht gehalten ... sie war wie alle anderen ... sie hatte geheiratet ... sie hatte nicht gewartet ...

An alles, was dann folgte, kann ich mich nicht mehr erinnern. Ich weiß nur, daß ich mich in diesem Garten wiederfand, genau auf diesem Abhang, und daß ich meine Fäuste in den bewölkten Himmel reckte, mein Schicksal und mein Leben verfluchte und eine grenzenlose Verachtung für die Niedrigkeit der Menschen empfand, deren Gesichter ich nie mehr sehen wollte. Ich erinnere mich, daß ich mich voller Verzweiflung dem Himmel entgegenstreckte, und dann wurden meine Arme, die ich hoch hinaufgehoben hatte, zu Zweigen, meine Füße schlugen Wurzeln, und ich wurde zu dem Baum, der ich jetzt bin, der aufschaut, immer aufschaut, Tag für Tag höher wächst, weg von den häßlichen Dingen des Lebens.«

Das Geräusch war jetzt deutlich zu hören, es klang, als ob etwas in den Teich tropfe.

Die Zypresse sagte: »Der Himmel ist klar, und alles ist ruhig. Was höre ich da? Weinst du?«

Aber die Weide antwortete: »Der Herbst ist schon lange da, und meine letzten Blätter fallen ab.«

Und die Weide fuhr fort: »Deine Geschichte erinnert mich an eine andere Geschichte, die ich einst gehört habe. Die Geschichte ist die gleiche bis zu dem Zeitpunkt, als Rolando, so hieß er, in den Krieg zog. Danach befahl der Vater des Mädchens, der ehrgeizig war, sie an einen wohlhabenden Edelmann zu verheiraten. Sie hatte den gleichen schwachen Charakter wie das Mädchen, von dem du erzählt hast. Sie hatte es noch nie fertiggebracht, Widerstand zu leisten und zu kämpfen. Sie ließ einfach schicksalsergeben den Kopf hängen, und so schaffte man sie ohne größere Schwierigkeiten weg und verheiratete sie.

Aber am Hochzeitsabend erreichte sie die Nachricht, daß ihr Rolando im Krieg gefallen sei. Dieser letzte Schlag war zu viel für sie, und sie verlor den Verstand. In dieser Nacht schlich sie sich aus dem Haus ihres Mannes und verschwand. Sie suchten vergebens nach ihr, sie konnten sie nicht finden.

Lange Zeit über wanderte sie barfuß und in Lumpen durch Spanien, und überall galt sie als Verrückte. Zuletzt kam auch sie in einem Garten an, der freundliche Erinnerungen für sie bereithielt, auch sie und ihr Geliebter waren dort in glücklichen Tagen zusammengewesen. Dort fand sie eine Zypresse, die vorher noch nicht dort gewesen war, eine große schöne Zypresse, genau wie du, und sie lehnte sich an sie, um sich auszuruhen.«

Die Zypresse murmelte: »Ich erinnere mich – ich erkannte ihre Berührung in dieser Nacht, aber ich dachte, es sei ein Traum.«

Die Weide sagte: »Was hast du gesagt? Hast du gezittert?«

Aber die Zypresse antwortete: »Es war nur der kalte Herbstwind, der durch meine Zweige fährt und mir die Blätter raubt.«

Und die Weide fuhr fort: »Dann ging sie ein paar Schritte von der Zypresse weg, und plötzlich überkam sie die Erkenntnis, wie unglücklich ihr Leben war. Noch einmal beugte sie den Kopf, und ihre Arme und offenen Haare hingen herab, und sie weinte eine lange Zeit, bis ihre Tränen zu einem See zu ihren Füßen wurden und ihre Arme und Haare sich in die Zweige einer Trauerweide verwandelten.«

»Und der Garten ...« unterbrach die Zypresse.

»Es ist dieser Garten, und ich bin Flerida, aber du hast mich nie bemerkt, weil du immer nach oben schaust und ich es dir nicht sagen wollte. Als du mich aber der Untreue bezichtigt hast, mußte ich das klären, denn ich dachte, daß du glücklicher bist, wenn du weißt, daß ich dir treu war.«

Zum ersten Mal blickte der Zypressenbaum nach unten und sah die Trauerweide, die sich mit unendlicher Ergebenheit über den Teich beugte, und der Wind blies seine letzten Blätter davon und verstreute sie auf dem dunklen Wasser, wo die niederhängenden Zweige sie in ihrer Umarmung festhielten.

Der goldene Wurm

Lolita war ein sehr neugieriges Mädchen von sechs Jahren, das in einem der Vororte von Madrid lebte. Das Haus, in dem sie wohnte, war von einem hübschen Garten umgeben, an dessen Rand Erdbeeren und Veilchen wuchsen. In der Mitte gab es einen Teich mit Goldfischen. Und in einer Ecke des Gartens stand ein Rosenbäumchen.

Obwohl die Erdbeeren, die Veilchen, die Fische und das Rosenbäumchen mit der folgenden Geschichte nicht viel zu tun haben, zeigen sie doch, unter welchen Umständen Lolita lebte, als sie eines Sommerabends nach dem Essen auf den Balkon hinaustrat und sich vor ihren erstaunten Augen etwas höchst Außergewöhnliches abspielte.

Zwischen den Blumen und Büschen des Gartens flogen unzählige kleine Lichter hin und her. Was sie sah, erinnerte sie an die Kerzen auf den Christbäumen, und ihre Augen folgten erstaunt den winzigen Funken. Dann jauchzte sie vor Freude und rief ihren Vater, der, noch mit einer Tasse Kaffee in der Hand, auf den Balkon stürzte, um zu sehen, was los war.

»Vater, sieh nur die kleinen Lichter, die sich im Garten bewegen!«

»Aber Lolita, das sind Glühwürmchen. Hast du noch nie welche gesehen?«

Selbstverständlich hatte Lolita noch nie welche gesehen. Abgesehen von den Dingen, die wir gerade aufgezählt haben, hatte sie in den sechs Jahren, die sie auf der Welt war, noch sehr wenig vom Leben gesehen.

Ihr Vater sah die Neugier, die in ihren Augen glänzte, und fragte: »Möchtest du mehr über die Glühwürmchen erfahren?«

Der Ausdruck in Lolitas Gesicht machte eine Antwort überflüssig, und so begann der Vater: »Also. Es lebte einmal eine kleine Prinzessin ...«

»Wann lebte sie?«

»Vor sehr langer Zeit, Lolita, ich erinnere mich nicht mehr so genau. Also, es lebte einmal eine kleine Prinzessin ...«

»Wo lebte sie?«

»Sehr weit weg von hier, Lolita, ich erinnere mich auch daran nicht mehr so genau. Sei nicht so neugierig, denn wenn du mich weiterhin die ganze Zeit unterbrichst, wirst du nie etwas über die Prinzessin und die Glühwürmchen erfahren.«

Lolita hielt also den Mund, und ihr Vater begann mit seiner Geschichte:

*

»Es lebte einmal eine kleine Prinzessin, die ungefähr in deinem Alter war. Diese kleine Prinzessin hatte Geburtstag – sie wurde sechs Jahre alt. Ein großer Empfang wurde ihr zu Ehren gegeben, und sie bekam viele Geschenke und Gaben von jedermann.

Von allen Geschenken gefiel ihr eines besonders. Es war eine Anstecknadel, die einen Wurm darstellte, der ganz aus Gold war. Sie hatte die Nadel vom Botschafter aus China geschenkt bekommen. Die

Prinzessin liebte die Nadel so sehr, daß sie sie sofort ansteckte und sie trug, während sie mit ihren kleinen Freundinnen spielte, die man zu ihrer Geburtstagsfeier eingeladen hatte.

Die kleine Prinzessin lebte in einem großen Palast. Der Palast war von wunderschönen weiten Ländereien umgeben, auf denen es Bäume und Blumen und weiche Rasenflächen gab. In diesem Gras lebten viele Insekten, es waren praktisch alle Arten von Insekten vertreten, die es auf der Welt gab.

Diese Insekten hielten sich für die Aristokraten unter ihresgleichen, da sie in der Nähe eines Königspalastes lebten, während die anderen Insekten sich auf den Feldern, in den Wäldern oder in den Gärten aufhielten, die dem gewöhnlichen Volk gehörten, sogar in öffentlichen Parks, zu denen jeder, gleich welcher Klasse, Zutritt hatte, und das war ja, wie man zugeben muß, schon sehr vulgär. Kurz gesagt, die Insekten, die auf dem Palastgelände lebten, sahen auf all die anderen Insekten herab.

Schon einige Zeit, bevor der Geburtstag der Prinzessin gefeiert wurde, hatte sie eine große Unruhe ergriffen. Eine der Motten hatte anzüglich gesagt, daß eine wirkliche Aristokratie ja wohl einen König brauche. Man muß wissen, daß die Motten als die gelehrtesten Leute unter den Insekten galten. Sie hatten die Angewohnheit, sich in den Palast zu stehlen und Stunden in der königlichen Bibliothek zu verbringen, wo sie die Bücher im wahrsten Sinn des Wortes verschlangen. Und so wußte diese spezielle Motte natürlich, wovon sie sprach, als sie ihren desillusionierenden Satz sagte, der wie ein Urteil über den Köpfen der

Insekten hing und ihren Stolz verletzte. Wenn es keine wirkliche Aristokratie ohne einen König gab, war ja wohl klar, daß sie keine Aristokraten waren, denn sie hatten keinen König.

Die schrecklichen und revolutionären Worte der Motte verbreiteten sich schnell durch die Gärten, und der Satz war in aller Munde, wurde von Kraut zu Kraut getragen, von Blatt zu Blatt, von Blüte zu Blüte, und es dauerte nicht lange, bis alle Insekten an ihrer aristokratischen Herkunft zweifelten. Was sehr traurig war, wie eine Biene ihrer Freundin gegenüber zu bemerken wagte, als sie unter vier Augen an einer Blüte nippten, denn ein Aristokrat, der an seiner aristokratischen Herkunft zweifelt, ist wie ein gewöhnlicher Sterblicher, der an seiner Identität oder gar an seiner Existenz zweifelt.

Ein König mußte her. Alle Insekten wollten einen König. Es war eine Frage der Selbstachtung. Aber sie hatten keine Ahnung, wie sie ihr Problem lösen und zu einem König kommen sollten.

Eines Tages versammelten sich alle Insekten der königlichen Gärten in einigen Büschen, die der Haupttreppe des königlichen Palastes gegenüber wuchsen, und fingen an, die wichtige Frage der Königssuche zu diskutieren.

Ein bescheidener Käfer wagte die Äußerung, daß man einen König unter den verdientesten Mitgliedern der Insektenkolonie wählen solle, aber ein Schmetterling mit wunderschön gefärbten Flügeln widersprach ihm und sagte: ›Das wäre nicht richtig, ein König muß etwas anderes und Besseres sein als das Volk, das er regiert. Was dir vorschwebt, ist ein

Anführer. Es ist immer relativ einfach, einen Anführer zu finden, aber bei einem König kommen andere Dinge ins Spiel.‹ Der Schmetterling flatterte bei dem bloßen Gedanken, einen einfachen Bürger als König zu wählen, vor Abscheu mit seinen zarten Flügeln, und alle gaben ihm recht. Der Käfer senkte den Kopf und verbarg seine Scham hinter einem Blatt.

Ein weiblicher Marienkäfer, der so fett war, daß er den Strauch nicht hochkam, schrie aus dem Gras herauf: ›Wir könnten eine Königin wählen!‹

›Nein, nein!‹ schrie jedermann. ›Wir wollen einen König! Wir wollen einen König!‹

Und ein Grashüpfer fügte hinzu: ›Die Motte sagte, daß es keine wirkliche Aristokratie ohne einen König gäbe, wohlgemerkt – einen König. Sie hat nichts von einer Königin gesagt. Diese Frage können wir später klären. Versuch nicht, die Sache noch mehr zu komplizieren. Was wir jetzt wollen, ist ein König.‹

Und alle wiederholten im Chor: ›Ja, einen König.‹

All das spielte sich an dem Tag ab, an dem die Prinzessin Geburtstag hatte. Gerade kamen die Kinder auf den Rasen vor dem Palast heraus, und zwei von ihnen rannten vorbei, und zwar so nahe an den Büschen, in denen die Insekten ihr Treffen abhielten, daß sie die Zweige durcheinanderschüttelten, alle Insekten sich ängstlich aus dem Staub machten und somit die Tagesordnung gestört wurde.

Nachdem in den Büschen wieder Ruhe eingekehrt war und jedes Insekt an seinem Platz saß, fing eine Raupe an zu sprechen, die aus nicht ersichtlichen Gründen die Diskussionsleitung übernommen hatte:

›Wie gesagt, bevor wir so unhöflich unterbrochen wurden ...‹

Aber in diesem Augenblick wurden überall Trompeten geblasen, und alle Insekten wandten sich dem Palast zu.

Der König trat höchstselbst aus dem Palast, um die Geburtstagsfeierlichkeiten zu ›inspizieren‹. Gerade stieg er die Haupttreppe herab, und die Insekten konnten ihn von ihrem Platz aus hervorragend sehen, sogar von vorne.

›Wie prächtig er aussieht!‹ rief der Marienkäfer. ›Seine Kleidung ist ganz aus Gold.‹

›Er sieht einfach wichtig aus‹, rief eine Fliege. ›Er ist über alles erhaben. Er scheint weder etwas zu sehen noch etwas zu bemerken.‹

Und die Fliege, die zweifellos den Eindruck erwecken wollte, daß sie dem König näher gekommen war als jeder andere und auf relativ vertrautem Fuße mit ihm stand, fuhr fort: ›Wie wichtig er ist, habe ich bis zu dem Tage nicht erkannt, als ich auf seiner Nase landete und er mich nicht einmal bemerkte. Schließlich versuchte ein Höfling, mich von Seiner Majestät zu verjagen, aber ich war zu schnell, und statt dessen traf er den König. Ich habe diesem Höfling die Stellung gekostet.‹

Eine Wespe sagte mit giftiger Stimme: ›Das geschah dem Höfling ganz recht. Was belästigt er Seine Majestät auch mit einer solchen Bagatelle.‹

Die Fliege mochte es gar nicht, daß man sie als Bagatelle bezeichnete.

Und die schmeichelhaften Äußerungen über den König gingen weiter:

›Er ist wunderbar!‹

›¡Qué simpático!‹

›So muß ein König sein. An ihm sollten wir uns ein Beispiel nehmen!‹

›Olé tu mare!‹ sagte ein andalusischer Käfer.

›Er ist *chic*!‹ rief ein Schmetterling, der gerade aus Frankreich eingetroffen war.

›Ja, aber sehr elegant.‹

›Ich finde, er ist ein Prachthengst!‹

›Was soll denn das heißen? Ich finde nicht, daß er wie ein Pferd aussieht!‹

Der König, der zweifellos genug gesehen hatte, kehrte in den Palast zurück, und die Diskussionen gingen weiter.

Die Raupe faßte noch einmal zusammen: ›Wie gesagt, bevor...‹

Aber nun brachten alle ihre Überlegungen vor, und die Raupe konnte ihren Satz nicht zu Ende bringen, was auch nichts ausmachte.

Ein Floh, der bis dahin noch nichts gesagt hatte, piepste aus einer Kalla, die ihm als Verstärker diente: ›Wenn keiner aus unseren Reihen König werden kann, denn der Schmetterling hat ja gesagt, daß ein König etwas anderes sein müsse, könnten wir doch irgendein anderes Tier wählen – ich meine, kein Insekt.‹

Eine tiefe Stille legte sich über die Versammlung, und dann sagte der Schmetterling: ›Du solltest dich schämen, einen solchen Vorschlag zu machen – ein Tier anderer Rasse als König der Insekten! Hat man so etwas je gehört! Ich sagte, daß ein König anders sein müsse, aber damit meinte ich vornehmer. Willst du andeuten, daß irgendein Tier vornehmer ist als wir? Es ist wahr, daß die Menschen uns immer noch für nutzlos halten, aber einige von uns finden sie auch schön‹ (und der Schmetterling entfaltete seine Flügel), ›was beweist, daß wir bestens dafür geeignet sind, Könige zu werden. Und da kommst du und schlägst vor, einen Fremden zu wählen! Schäm dich!‹

Und alle wiederholten: ›Schäm dich!‹

Und der arme Floh machte, daß er verschwand.

Es folgten noch eine ganze Reihe von Vorschlägen, aber keiner fand die Zustimmung der Mehrheit, und so blieb das Problem vorerst ungelöst.

Die Motte, die mit ihrem denkwürdigen Satz die ganze Aufregung verursacht, sich aber bis jetzt bedeckt gehalten hatte, entschloß sich endlich, folgende unvergeßliche Worte von sich zu geben: ›Meine Damen und Herren! In den langen Stunden, in denen ich in der königlichen Bibliothek meinen Studien nachgegangen bin, habe ich mich durch eine Menge Bücher durchgearbeitet und somit ein beträchtliches Wissen angehäuft. Dieses Wissen wurde zur Weisheit, nachdem es gründlich verdaut war. Die ... die ...‹

Nach ihrer langen Vorrede hatte die Motte vergessen, was sie ursprünglich sagen wollte. Endlich fand sie den Faden wieder und fuhr fort: ›Die Erfahrung lehrt‹ (alle hörten voll Ehrfurcht zu), ›daß Probleme, die man nicht verstandesmäßig lösen kann, durch den Glauben gelöst werden. Wenn es uns nicht gelingt, einen König zu finden, laßt uns um einen König beten. Nehmen wir uns die frommen Frösche aus Äsops Fabel zum Vorbild, laßt uns unsere geistigen Kräfte vereinen und beten, daß uns ein König geschenkt werde.‹

Das einzige, was die Insekten von der Rede der Motte begriffen, war, daß sie beten sollten, und das setzte der Diskussion ein Ende. Alle begannen, um einen König zu beten, und es herrschte Stille für eine lange Zeit. Wann immer einer ungeduldig wurde, oder anfing herumzuzappeln, seinen Platz wechselte oder das geringste Murren von sich gab, erhob sich ein allgemeines ›Schhhhh!‹, so daß wieder Stille eintrat und jeder weiterbetete.

Ganz plötzlich geschah das Wunder. Als man es am wenigsten erwartete, fiel durch Blätter und Blüten von oben herab etwas in ihre Mitte, und jedermann sah, zum Greifen nah, einen wunderschönen Wurm, der ganz aus Gold war.

Ihr König war angekommen! Ihr König war angekommen! Es entstand ein großes Durcheinander. Jedermann stürzte nach vorn und wollte den König sehen und beschnuppern, um sicherzugehen, daß es ihn wirklich gab und nicht alles nur ein Traum war. Danach verloren sie jegliche Kontrolle über ihre Gefühle, faßten sich unter lautem Jubel an den Beinen und tanzten um ihren goldenen König herum: ein höchst ungehöriges und tadelnswertes Benehmen und ein eindeutiger Bruch der Etikette, die vorschreibt, wie sich aristokratische Insekten zu verhalten haben, wenn sie ihrem König das erste Mal gegenübertreten.

Als sich ihre Begeisterung etwas gelegt hatte, versuchten sie eifrig, es dem König bequem zu machen. Mit Hilfe einiger Unkräuter, einer Nußschale und eines Gänseblümchens bauten sie einen bequemen Thron, auf den sie den König setzten.

Es war in der Tat ein richtiger König. Er lief nicht herum, er sagte nichts, er bewegte sich nicht. Er lag nur da in seinem goldenen Glanz und bemerkte nichts, was um ihn herum vorging.

Die Neuigkeit drang schnell über die Mauern des Palastes hinaus, verbreitete sich in der Außenwelt, und mehrere Tage über kamen Insekten aus den Parks, den Privatgärten, den Feldern, von überall her, um dem König der Insekten, ihrem goldenen König, ihre Aufwartung zu machen und ihn zu bestaunen.

Da das Volk, das da eintraf, nicht sonderlich aristokratisch war, sich in den Finessen der höfischen Rituale nicht auskannte und sich somit in höchst skandalöser und unpassender Weise aufführte, brachte es die Hofinsekten zur Verzweiflung und erregte ihren äußersten Unwillen. Diese Leute steckten ihre Nase in alles und drangen in solchen Schwärmen in den Königspalast ein, daß eine ganze Armee von Dienern aufgestellt werden mußte, um sie zu vertreiben. Der Erfolg war nicht gerade durchschlagend, denn jedes Insekt auf der Welt wollte seinen König sehen, und so kamen sie weiterhin in Wolken zum Palast geflogen, bis die königliche Familie aufgab und in eine ihrer Sommerresidenzen zog.

Eines Nachts, als alle Insekten schliefen, ging einer der Diener durch die königlichen Gärten, um ein Insektenvertilgungsmittel zu versprühen, das der Plage ein Ende machen sollte. Als er an den Büschen in der Nähe der Haupttreppe vorbeiging, bemerkte er etwas, das im Mondlicht schimmerte. Er beugte sich hinunter, um es aufzuheben, und war sehr überrascht, die Nadel der Prinzessin in einer Nußschale zu finden, und dann erinnerte er sich, daß sie seit ihrem Geburtstag vermißt wurde. Er nahm sie mit in den Palast und gab sie dem Haushofmeister zur Aufbewahrung.«

*

»Aber Vater«, unterbrach Lolita, die die ganze Zeit über geduldig zugehört hatte, »was hat das alles mit den Glühwürmchen zu tun?«

»Nur Geduld, Lolita, dazu kommen wir noch.«

*

»Am nächsten Morgen, als die Insekten erwachten, fanden sie den Thron leer, und ihr goldener König war verschwunden. Sie suchten überall, konnten ihn aber nicht finden. Sie vermuteten, daß er entführt worden sei oder irgend etwas in dieser Richtung, und große Bestürzung befiel die Welt der Insekten. Sie suchten ohne Unterlaß Tag und Nacht, sie stellten sogar eine Spezialeinheit zusammen, die mit Lichtern ausgestattet wurde und des Nachts die Welt absuchte. Wie man sieht, suchen sie noch immer.«

*

Und Lolitas Vater zeigte auf den Garten, in dem die Glühwürmchen auf und ab flogen.

»Glaubst du, daß sie ihren goldenen König wiederfinden?«

»Natürlich nicht, Lolita.«

»Warum nicht?«

»Weil die Geschichte, die ich dir erzählt habe, nicht wahr ist.«

Inhalt